Dênio Lara Jr
Prefácio por Teófilo Hayashi

ELES IRÃO ALÉM
DE VOCÊ.

LIDERANDO **PESSOAS**
NA PERSPECTIVA DE **JESUS**

Editora Quatro Ventos
Avenida Pirajussara, 5171
(11) 99232-4832

Todos os direitos deste livro são reservados pela Editora Quatro Ventos.

Proibida a reprodução por quaisquer meios, salvo em breves citações, com indicação da fonte.

Todas as citações bíblicas e de terceiros foram adaptadas segundo o Acordo Ortográfico da Língua Portuguesa, assinado em 1990, em vigor desde janeiro de 2009.

Diretor executivo: Raphael T. L. Koga
Editora responsável: Sarah Lucchini
Equipe Editorial:
Mara Eduarda Garro
Paula de Luna
Gabriela Vicente
Revisão: Erika Alonso
Diagramação: Vivian de Luna
Capa: Isaías Renato Silveira

Todo o conteúdo aqui publicado é de inteira responsabilidade do autor.

Todas as citações bíblicas foram extraídas da Almeida Corrigida Fiel, salvo indicação em contrário.

Citações extraídas do site https://www.bibliaonline.com.br/acf. Acesso em novembro de 2019.

1ª Edição: Novembro 2019
1ª Reimpressão: Novembro 2023

Ficha catalográfica elaborada por Geyse Maria Almeida Costa de Carvalho – CRB 11/973

L318e Lara Junior, Dênio.

Eles irão além de você: liderando pessoas na perspectiva de Jesus. / – São Paulo: Quatro ventos, 2019.
240 p.

ISBN: 978-85-54167-30-1

1. Religião. 2. Liderança. 3. Crescimento espiritual.　　　CDD 207
I. Título.　　　CDU 233.2

SUMÁRIO

INTRODUÇÃO **15**

1 ESQUEÇA VOCÊ **25**

2 QUAL O VALOR DE
CADA PESSOA? **49**

3 A ARTE DE LIDERAR
PESSOAS LIVRES **79**

4 DESENVOLVA SUA LIDERANÇA **115**

5 LIDERANDO ATRAVÉS
DO DISCIPULADO **137**

6 UM AMBIENTE SAUDÁVEL **165**

7 O PODER DE
CONECTAR PESSOAS **195**

8 FORME OS MELHORES **219**

DEDICATÓRIA

Dedico este livro ao líder que mais me inspirou. Meu amigo e mentor Dênio Lara, meu pai.

ENDOSSOS

Até pouco tempo atrás, o conceito de liderança estava muito associado a hierarquias, a grandes realizações e à formação de uma equipe a serviço do líder e de seu sucesso. Hoje isso já mudou. Difunde-se cada vez mais o entendimento de que a essência da liderança está baseada em servir e agregar valor aos outros, e não apenas a si mesmo. Comprova-se que o fator determinante para o máximo impacto de um líder ou de uma organização está na reprodução e no desenvolvimento intencional de liderança.

Neste assunto, Dênio Lara Jr. não é neófito nem teórico. Ele representa uma nova geração de líderes de excelência, cuja influência já se estende a milhares de jovens e alcança boa parte da Igreja brasileira. Em seu novo livro, ele compartilha seu conhecimento e suas experiências práticas e nos desafia a imitarmos o modelo de liderança de Jesus, enxergando cada um de nossos discípulos como tesouros preciosos, capacitando-os a irem mais longe e a tornarem-se melhores do que nós.

Eles irão além de você vai fazer uma grande diferença em seu crescimento como líder. Recomendo-o com entusiasmo, acreditando que essa leitura nos fará avançar, de forma prática e segura, rumo à nossa visão e ao nosso destino.

PAULO MAZONI
Pastor sênior da Igreja Batista
Central de Belo Horizonte (MG)

Nesta obra inspiradora do meu irmão Dênio você aprenderá como chegar à posição máxima de um líder, a tornar-se inútil. Quando nossos liderados não precisarem mais de nós, porque se tornaram independentes, significa que vencemos. Sucesso na liderança não é sobre quantas pessoas precisam de você, mas sim quantas se tornaram independentes. O sucesso de um bom pai não é formar um bom filho, mas um bom pai. Que não sejamos o teto de nossos liderados, mas que nosso teto seja o chão deles. Boa leitura!

DOUGLAS GONÇALVES
Líder do movimento JesusCopy

Em 26 anos de carreira corporativa e uma vida inteira no Evangelho, tenho visto como a liderança com motivações e princípios errados são a causa de grandes fracassos ministeriais e profissionais. Neste livro, o Pr. Dênio Lara Jr. conseguiu expressar de forma objetiva o quanto liderar com propósito nos capacita a realizar feitos extraordinários.

LAFAIETE OLIVEIRA JR.
Diretor Comercial da Bridgestone Firestone do Brasil

"Vocês farão obras maiores do que as minhas!". Esse foi o comando que Jesus nos deixou. Infelizmente essa afirmação parece ter se perdido no tempo para algumas pessoas. Em *Eles irão além de você*, Dênio, com muita objetividade, resgata essas palavras do Mestre como líder exímio, impulsionando-nos a sair da mediocridade e alcançar níveis mais altos. É assim que me sinto ao tomar um simples café com Dênio, motivado e superimpulsionado. Sem dúvidas este livro mudará sua vida.

SAMUEL CAVALCANTE
Pastor, empreendedor e fundador do Projeto Expandindo o Reino

Este livro não trata de apresentar um dos modelos de liderança. Mas apresenta o único caminho para uma liderança bem-sucedida, que é o exemplo de Jesus. Você será inspirado e capacitado a enxergar potencial na vida das pessoas à sua volta, a valorizá-las, servi-las, honrá--las e conduzi-las ao destino que Deus tem para cada uma delas. Prepare-se para descobrir o extraordinário poder de focar atenção no outro e transformar-se em um líder frutífero e de impacto eterno.

LÉO MATOS
Pastor de jovens da Igreja Batista Central de Belo Horizonte (MG)

O Pr. Dênio Jr. propõe neste livro uma revolução extremamente saudável e necessária para a Igreja no quesito Liderança. Com uma forma brilhante e peculiar de abordar esse tema, certamente ele impactará toda uma geração de líderes que já exercem autoridade eclesiástica. Mas também pavimentará o caminho para novos líderes, que colherão hoje e futuramente as promessas semeadas por gerações anteriores.

ANDRÉ GALLINA
Pastor de jovens da Igreja Dínamus de Santo André (SP)

PREFÁCIO

Existem muitas formas diferentes de liderança. Alguns optam pelo autoritarismo; outros, sem uma visão clara, cumprem apenas as demandas que lhes foram exigidas, agindo por necessidade, e não por propósito. Há também mestres que desprezam seus discípulos por não conseguirem perceber os talentos que Deus lhes entregou; e outros, ainda, que enxergam o potencial dos seus liderados, mas não sabem como fazê-los multiplicar seus talentos e crescer de forma saudável, gerando frutos para a comunidade.

A verdade é que não faltam discussões, livros e cursos a respeito dessa temática. No entanto, se olharmos a fundo, perceberemos que todas as características de um líder bem-sucedido têm algo em comum: são atributos encontrados em Jesus, o maior líder que este mundo já viu.

Neste livro, Dênio Lara Jr. traz uma perspectiva real e prática, e, ao mesmo tempo, motivadora e sobrenatural para o exercício de uma liderança excelente, espelhada em Cristo. A maneira como ele aborda o assunto não é como a de quem acompanha de longe, vendo isso acontecer e tomando notas, mas como a de alguém que vive diariamente os desafios de administrar uma igreja em crescimento, cuidando de milhares de pessoas, trazendo visão a elas e ampliando a comunidade em que atua.

Desenvolver uma liderança como a de Jesus deve ser o maior objetivo de todos os que exercem autoridade sobre outras pessoas. E *Eles irão além de você* fornecerá passos práticos para que você consiga crescer, tanto como líder quanto como seguidor de Cristo. Por isso, considere cada página desta obra algo poderoso, capaz de realinhar sua liderança com a do maior Mestre que já andou entre nós.

TEÓFILO HAYASHI
Pastor sênior da Igreja Monte Sião
Fundador do Dunamis Movement

INTRODUÇÃO

Todos nós estamos envolvidos diretamente com o tema liderança. Não há quem nunca tenha sido liderado ou não possua nenhum tipo de vínculo com essa função. Pais, professores, chefes, líderes ministeriais, autoridades do governo e até mesmo a polícia são exemplos de liderança que fazem e fizeram parte de nossa história. Por isso, eles construíram em nós um sistema de crenças e valores a respeito de como exercer essa autoridade sobre as outras pessoas.

Com base na experiência recebida, é natural que passemos a conduzir nossos liderados da mesma forma como fomos guiados. Em consequência, essa vivência também é responsável por produzir uma aspiração em nossos corações: passamos a desejar o padrão de performance das nossas referências de líderes.

Sim, nosso desempenho como líderes está muito mais relacionado com a experiência que tivemos anteriormente do que com o momento em que começamos a liderar, de fato. No desenvolvimento dessa função na minha vida comecei a observar modelos inspiradores, a ler livros sobre o tema, e então passei a liderar pessoas. A partir disso, percebi que havia uma distância entre os conceitos aplicados pela maioria dos líderes e o modelo que Jesus estabeleceu ao cuidar de Seus discípulos.

Desse modo, comecei a sentir a necessidade de me aprofundar no estudo da liderança de Cristo. Desde os meus 16 anos de idade, quando iniciei nessa função, me apaixonei por esse tema, e de lá para cá, passei a desejar intensamente escrever este livro. No entanto, minha experiência não teve início quando comecei a liderar um grupo. Meus pais já eram pastores e gestores desde antes de eu nascer, o que me fez experimentar o trato com as pessoas, além de ver o reflexo da liderança em uma instituição e na vida dos participantes dela desde muito cedo.

Em todo esse tempo, o que percebi foi que muitos dos modelos que produziram influência em nós são contrários àquilo que somos realmente convidados a viver. Isso, porque tratam a liderança como um cargo ou título a ser conquistado, o que é o princípio de um declínio. Quando isso acontece, as pessoas, que deveriam ser cuidadas e instruídas, passam a ser secundárias, e a conquista pessoal dos influenciadores torna-se o valor supremo. Por conta dessa inversão, a experiência natural nos leva a ver o líder como a pessoa mais importante, digna de ser servida, aquele com a opinião inquestionável. O pior é que, ao nos tornarmos líderes, muitas vezes, ficamos com essa referência enraizada em nós.

No entanto, o modelo de liderança de Jesus é sobre servir. Em linhas gerais, o padrão que, genuinamente, tem Cristo como exemplo desconstrói uma série de valores absorvidos ao longo da nossa trajetória, pois deixa explícito o fato de que o líder não é o centro. Tudo ganha um novo sentido quando o próprio Deus vem à

Terra como homem, e diante de sua equipe, estabelece que não seria servido, mas que serviria aos outros. Isso é um confronto direto ao estrelismo, à supervalorização e ao egocentrismo de muitos líderes. Talvez, saber disso já seria um desestímulo a muitos que hoje participam ou pretendem compor o quadro de liderança de igrejas e equipes.

A posição de líder, por si só, carrega uma autoridade e um reconhecimento que, se mal administrados, podem resultar na depreciação das pessoas, na desvalorização do seu potencial e na exclusão de seus sonhos e projetos. Assim, precisamos nos questionar: será que a liderança deve ser voltada para os líderes? Ou um chamado a servir os liderados?

Por meio de modelos infelizmente raros, como o de Jesus, percebemos que o caminho certo vai em contraponto à normalidade. Possivelmente não aprendemos isso com os políticos que nos governam, com os chefes que tivemos ou mesmo com os líderes eclesiásticos. Mas somos convidados a nos doar às pessoas no nível máximo, caso contrário, não estaremos aptos a liderá-las segundo o padrão do Evangelho.

E é justamente por isso que Cristo foi o maior e mais inspirador mestre que já andou sobre a Terra. Seu estilo de vida, propósito e ministério eram voltados totalmente para amar pessoas, cuidar delas e, por fim, entregar Sua vida para que fossem redimidas. O grande diferencial de Sua liderança não era somente as grandes obras que Ele realizava em favor dos necessitados, mas sim a forma como incentivava, ensinava e discipulava pessoas para fazer o mesmo e até coisas maiores do que Ele.

Em outras palavras, a influência de Jesus é caracterizada por um olhar sensível, focado em reconhecer o grande potencial que as pessoas à sua volta têm, além de uma dedicação intensa para desenvolver o melhor de cada um. E é sobre isso que a passagem de João 14.12 fala: "Aquele que crê em mim fará também as obras que tenho realizado. Fará coisas ainda maiores do que estas [...]".

Com base nesse trecho, é possível enxergar que a ambição de Jesus, em verdade, nunca foi que a proclamação do Reino de Deus parasse n'Ele. Cristo sempre entendeu que Sua ascensão não era o fim de Sua obra ou de Seu ministério, mas sim o que possibilitaria que tudo isso continuasse através de nós, Seus discípulos. Valendo-se dessa percepção, seria impossível para Ele exercer uma liderança centralizadora e focada em Si mesmo. Por isso, dedicou-Se a ensinar Seus sucessores o máximo do que sabia e como poderiam realizar as coisas que Ele fazia.

Portanto, o exemplo de Jesus nos mostra que uma liderança eficaz – como a d'Ele certamente foi – não se baseia no que uma pessoa consegue fazer por si mesma ou no quanto os outros o temem. Nem mesmo na autoridade que é capaz de impor sobre seus discípulos ou do reconhecimento que recebe da sua comunidade, e até da sociedade como um todo. O que realmente faz um bom líder é sua capacidade de formar líderes ainda melhores.

Enxergar potencial, ajudar no desenvolvimento de pessoas e levantar novos líderes são algumas das diretrizes de uma liderança que tem como base o modelo de Jesus. O propósito do que fazemos é muito maior do que podemos imaginar. A capacidade de cada uma das vidas que estão sob nosso cuidado é gigantesca. Elas são como flechas em nossas mãos, por isso, precisamos cuidar para que não só acertem o alvo, mas para que também alcancem distâncias maiores do que as nossas.

Sendo assim, meu desejo é de que este livro abra seus olhos e sua mente a fim de que você entenda que ser um líder que segue o modelo de Jesus é cuidar de tesouros preciosos de Deus. Uma vez que essa missão é aceita, a prova de que fizemos um bom trabalho é constatar que nossos discípulos foram mais longe do que jamais conseguiríamos ir. Por isso, precisamos nos posicionar e compreender que nosso papel é formar liderados para que, um dia, se tornem ainda melhores do que nós.

Sei que os valores contidos nas próximas páginas revolucionarão sua liderança e sua capacidade de desenvolver pessoas que avançarão até mais longe do que você. Para isso, ao término de cada capítulo, teremos uma TAREFA, e quero desafiá-lo a não dar continuidade à leitura antes de ter concluído a atividade proposta. Estou certo de que sua forma de liderar será profundamente afetada e transformada.

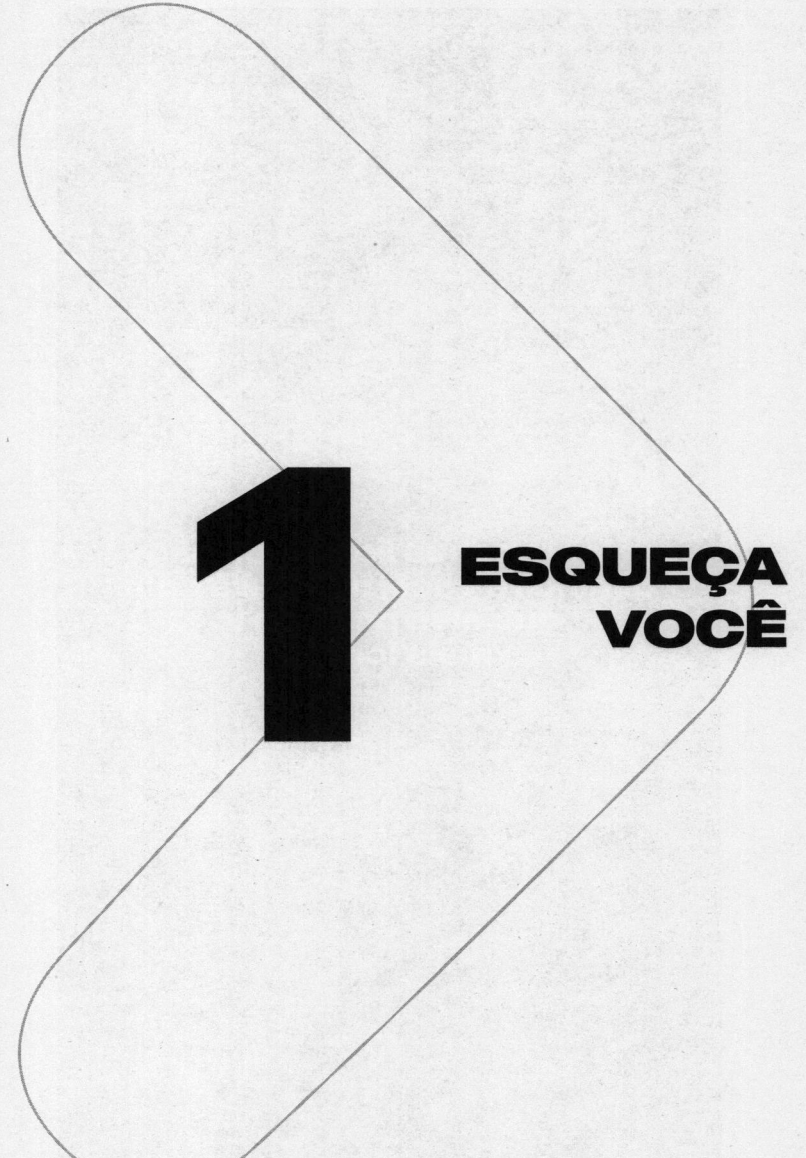

1 ESQUEÇA VOCÊ

> "Honrar seus liderados não diminuirá você, mas fará com que eles possam ir mais longe!"

Certa vez, eu li uma história. Na época, eu não sabia, mas ela marcaria para sempre minha vida e a forma como eu enxergo liderança. Eu me lembro de que era a respeito de uma equipe de um jornal que estava desenvolvendo uma pesquisa na qual um repórter deveria passar o dia com um homem milionário. O entrevistador tinha de acompanhá-lo o tempo todo, desde o momento em que ele acordaria, quando teria seu primeiro contato com a família, observá-lo durante todo seu período de trabalho, até o término da noite. O objetivo era examinar cada segundo de seu dia para entender um pouco mais sobre seus hábitos e tentar descobrir o que o fazia ser tão bem-sucedido.

Ao final da visita, foi isso o que aconteceu: após ter passado o primeiro dia com o milionário, com acesso total à sua vida, a seus afazeres e à sua família, o repórter chegou à redação visivelmente perplexo. Então, os editores do jornal lhe perguntaram: "Como foi passar o tempo com esse homem tão bem-sucedido?". Ele respondeu: "Ele é a pessoa mais brilhante que já vi em minha vida! Nunca conheci alguém com tamanha capacidade, jamais vi uma pessoa com uma liderança tão forte e uma gestão tão eficiente. Sem dúvidas, foi o homem mais incrível com quem já estive!".

No dia seguinte, essa mesma experiência foi realizada com um bilionário. O repórter acompanhou sua rotina, a fim de fazer uma análise profunda a respeito dela. O processo foi repetido passo a passo, com o entrevistador passando o dia todo com o segundo homem, duas vezes mais bem-sucedido que o primeiro. Ao final, lhe fizeram a mesma pergunta: "Como foi passar o dia inteiro com o bilionário?". E sua resposta foi: "Eu nunca me senti tão brilhante! Jamais conheci alguém que tenha despertado tantas capacidades em mim, e me mostrasse como sou capaz de ir mais longe. Nunca alguém havia feito com que eu acreditasse que eu era tão incrível em toda minha vida!".

Você consegue identificar a diferença entre o milionário e o bilionário? Existem líderes que são brilhantes, mas só têm a capacidade de aplicar essa genialidade para eles mesmos; a estes, costumo dar o nome de milionários. Por outro lado, há líderes que fazem que os outros se sintam incríveis e desenvolvam a autoconfiança necessária para revelarem o melhor de si; são os que chamo de bilionários.

Ao observarmos esses dois tipos de comportamento, conseguimos perceber o que faz com que os maiores líderes sejam tão grandes. Eles entendem que aquilo que possuem e tudo que receberam da parte de Deus está vinculado, necessariamente, a levar os outros a perceberem como são, ou podem vir a ser, extraordinários. Em outras palavras, utilizam o potencial que têm para potencializar os demais. Em consequência, há um maravilhoso poder em focarmos nossa atenção no outro: em seu bem-estar, no desenvolvimento de suas capacidades e em seu crescimento.

> O potencial de um líder é medido por quão longe ele pode levar as pessoas, não pela distância que ele pode alcançar sozinho. >

> E é exatamente isso que o estilo de liderança proposto por Jesus nos mostra ao longo dos Evangelhos. É esse modelo que vamos abordar, analisar e aprender a aplicar ao longo das próximas páginas.

Assim como vimos na história do repórter com o milionário e o bilionário, a principal qualidade da liderança exercida por Jesus, e o que fez dela tão bem-sucedida, foi sua capacidade de focar no potencial daqueles a quem Ele estava desenvolvendo, e não no Seu próprio. Dessa forma, a verdade é que, quando nos tornamos o centro, estamos indo contra tudo aquilo que Cristo nos deixou como padrão e expectativa.

No entanto, a visão mais comumente aceita de liderança, atualmente, estabelece a figura do líder como o foco. Inclusive, é cada vez mais natural vermos os relacionamentos de discipulado acontecendo dessa forma. Consequentemente, à medida que ganhamos maior autoridade, visibilidade e poder, passamos a utilizá-los de maneira a nos tornarmos as "estrelas"; e as pessoas ao nosso redor, coadjuvantes. Mas posso lhe afirmar que nenhum líder encontrará satisfação em sua função, caso esteja esperando receber algo das pessoas, principalmente, se essa expectativa estiver relacionada com aplausos e reconhecimento.

Isso me faz lembrar de uma história que aconteceu comigo. Há quase dez anos, quando eu e minha esposa decidimos que iríamos nos casar, marquei uma conversa com meu pai, para que pudéssemos compartilhar nossos planos e ouvirmos seus conselhos.

Nós nos sentamos com ele na sala, e a primeira pergunta que meu pai me fez foi: "Digam-me: por que vocês querem se casar?". Prontamente, respondi: "Porque a Bruna é a mulher da minha vida! É com ela que eu quero ter filhos. Sem contar que ela se encaixa perfeitamente no meu propósito". Em seguida, ele perguntou o mesmo para a Bruna, que respondeu: "Ele é o homem da minha vida! Quero que ele seja o pai dos meus filhos. Eu me sinto tão feliz ao lado dele". Foi quando o meu pai, perplexo, nos olhou e afirmou: "Se vocês continuarem pensando dessa maneira, esse casamento será um fracasso!". Assim que ouvimos isso, ficamos espantados e sem entender nada. Então, ele completou: "Ambos disseram que querem se casar para ser felizes, porque veem no outro algo que desejam. Contudo, isso os levará a uma vida de cobranças e exigências. Por outro lado, se vocês querem viver um casamento feliz de verdade, devem dedicar-se a fazer o outro feliz. A melhor motivação para essa união é escolher fazer o outro a pessoa mais feliz da Terra!".

Hoje, quando olho para trás e me lembro dessa história, percebo o quanto é possível aplicar esse mesmo princípio para a liderança. Muitos líderes não encontrarão plenitude de satisfação em seu trabalho justamente por causa da motivação que cultivam ao fazer isso. Por vezes, esperam que essa posição lhes traga felicidade, completude e realização, enquanto, na verdade, deveriam levar os outros a alcançarem esses objetivos. Isso se comprova pelo fato de que o próprio Jesus Se doou por completo aos Seus discípulos, ensinando e capacitando-os. Em toda Sua vida, dedicou-Se a servir as pessoas e a levá-las ao centro da vontade de Deus. Valendo-se do Seu exemplo, entendemos que o caminho a ser seguido por um líder que deseja cumprir sua missão designada pelo Senhor, envolve, necessariamente, guiar pessoas a cumprirem aquilo que nasceram para fazer.

Sendo assim, para um líder, é essencial saber valorizar as pessoas. Podemos fazer isso tornando-as o centro do relacionamento, demonstrando, com nossas atitudes, que a prioridade não somos nós, mas elas. Foi o que Jesus fez ao descer dos Céus e tomar a forma de homem, abrindo mão de toda Sua glória para investir em nós.

> **O caminho a ser seguido por um líder que deseja cumprir sua missão designada pelo Senhor, envolve, necessariamente, guiar pessoas a cumprirem aquilo que nasceram para fazer.**

A grandeza do líder bíblico

Um outro exemplo de que Cristo vivia tirando o foco de si e colocando nos outros está no capítulo 12 do evangelho de João, que nos conta sobre uma grande multidão que se reuniu para aclamar Jesus. Ele, em contrapartida, quebrou os protocolos de grandeza e soberania, que eram tão comuns aos poderosos de Seu tempo, ao aparecer montado em um jumentinho. Ainda nessa passagem, o Mestre explica sobre o princípio de exaltação e grandeza no Reino:

> E Jesus lhes respondeu, dizendo: É chegada a hora em que o Filho do homem há de ser glorificado. Na verdade, na verdade vos digo que, se o grão de trigo, caindo na terra, não morrer, fica ele só; mas se morrer, dá muito fruto. Quem ama a sua vida perdê-la-á, e quem neste mundo odeia a sua vida, guardá-la-á para a vida eterna. (João 12.23-25)

Perceba que Jesus faz uma associação que não é muito comum: Ele relaciona a glória com a morte. Com isso, o Mestre nos ensina que, de acordo com o padrão do Reino, a glória é reservada àqueles que se dispõem a morrer por seus irmãos. Não é exaltado quem se autopromove ou cria uma cadeia de liderança pensando em sua própria estabilidade, mas, sim, todo aquele que, como um grão de trigo, morre para si mesmo, e é esse o que frutifica. Essa entrega, a doação da própria vida, não cabe somente a Jesus, porque Ele nos convida a fazer o mesmo pelos outros.

Quando entendemos o imerecido perdão e amor de Jesus por nós, podemos perceber que tudo quanto recebemos não deve parar em nós; a Graça que nos toca é a mesma que deve alcançar, através de nós, os outros. A mesma Bíblia que diz, em João 3.16, que Deus nos amou a ponto de entregar Seu único Filho, também afirma, em 1 João 3.16, que, agora, devemos amar aos nossos irmãos na mesma proporção em que fomos amados.

Além disso, é necessário compreendermos que quem nos ensina sobre entrega é O maior Líder da História. E em um contexto sociológico de controle e domínio, Jesus não estava simplesmente transmitindo a mensagem da Graça, mas colocando-a em prática, de maneira a confrontar o sistema de liderança daquele tempo. Ele não apenas falava sobre o que acreditava, mas também vivia de acordo com Suas palavras.

Nesse sentido, ao estabelecer Seu Reino na Terra, Jesus confronta as duas principais lideranças de Sua época: a política e a religiosa. A primeira, porque Ele instituiu uma forma de governar na qual não se exercia controle sobre as pessoas. Em vez disso, o líder provia exemplo e inspiração. Esse conceito vai de encontro ao que se vivia naquele tempo, porque os judeus estavam sob o domínio do Império Romano, ou seja, seus líderes eram cruéis e dominadores, o que significa que utilizavam esse autoritarismo para matar e subjugar o povo.

É nesse cenário que Jesus Se apresenta como Rei. Porém, não como um monarca igual ao que as pessoas estavam acostumadas a ver, mas um que convidava a todos para se tornarem participantes de Seu Reino. Sua proposta era, e é, fazer que todos aqueles que O aceitassem se tornassem reis com Ele. E foi justamente por esse motivo que a liderança dos religiosos daquele período também estava sendo confrontada: os intocáveis sacerdotes, conhecedores da Lei, aqueles que estavam prontos a condenar e acusar qualquer pecador, tinham de lidar com um Líder cheio de empatia, que curava mesmo aos sábados e atraía multidões através de um amor nunca antes visto.

Por meio de Sua liderança e da mensagem que trouxe, o mestre Jesus estava denunciando veementemente aqueles líderes. E foi por isso que esses mesmos representantes religiosos O crucificaram. Cristo não era um problema para o povo, muito pelo contrário, era amado pelas pessoas. Eram elas que lotavam os montes e os vales, as praias e os vilarejos por onde Ele passava. No entanto, a forma como Jesus vivia, assim como Suas palavras, confrontavam e traziam muito desconforto para os religiosos e os governantes dominadores.

Em sua consagrada publicação *O livro que fez o seu mundo*, Vishal Mangalwadi trata a visão bíblica de liderança de uma maneira profunda. Ele descortina o entendimento sobre o estilo de doação e serviço estabelecido por Jesus, que foi extremamente chocante em Seu tempo, e continua não sendo nada convencional ainda em nossos dias. Há um trecho dessa obra que diz:

> O heroísmo clássico entra em rota de colisão frontal com a bíblia porque, enquanto aquele valoriza o poder, o heroísmo de Cristo valoriza a verdade. Outros reinos abrigam atos heroicos ao cultivar classes raciais, geográficas, linguísticas, religiosas, e orgulho e ódio entre classes. Jesus fez do amor o valor supremo do Reino de Deus. Esse amor não é sentimentalismo. Vai além de amar ao próximo como a si mesmo. Sua manifestação suprema foi a cruz: sacrificar-se pelos outros, incluindo os inimigos.
>
> O heroísmo de Jesus substitui a brutalidade pelo amor, o orgulho pela humildade e o domínio sobre os outros pelo serviço auto sacrificial. Ele exemplificou isso quando se humilhou, pegou uma bacia com água e uma toalha de um servo e começou a lavar os pés dos seus discípulos. Isso, Ele disse, é o Reino de Deus. Ele é o Rei dos reis e Senhor dos senhores. Ele alegou que todo poder nos céus e na terra são dele. Ele, porém, não veio para ser servido, mas para servir, não para matar, mas para dar vida eterna.[1]

No Reino do qual fazemos parte, há um outro protocolo de liderança que é diferente do que estamos

---

[1] MANGALWADI, Vishal. **O livro que fez o seu mundo**: como a Bíblia criou a alma da civilização ocidental. São Paulo: Vida, 2012.

acostumados. De acordo com essa forma de conduzir, devemos nos esquecer de nós mesmos. É quando nos dispomos ao posto do menor servo, e até mesmo à morte, que conquistamos grandeza e poder. A honra ganha um novo significado quando a entendemos sob a perspectiva que foi ensinada e praticada por Jesus.

Honra de cima para baixo

Precisamos meditar sobre honra com a ótica do Mestre. Infelizmente, existem muitas mensagens com o tema "honra" sendo ministradas como uma tentativa, por parte dos líderes, de se criar um ambiente de reconhecimento e sustentabilidade às suas próprias lideranças.

Eu não desprezo a boa intenção que muitas pessoas têm ao falar sobre isso, mas não acredito que essa seja a melhor maneira para tratar dessa temática. Isso, porque o Novo Testamento não traz uma mensagem de exigência, mas de doação, não é sobre apenas receber dos outros, e sim lhes entregar algo. O objetivo é amar as pessoas, sem exigir que nos amem em troca. E isso também revela a importância de perdoar, mas nunca de reivindicar que o outro, obrigatoriamente, nos perdoe.

Existe uma disfunção em nosso entendimento no que diz respeito à honra. Na maioria das vezes em que falamos sobre esse assunto, há o pressuposto de que: "Eu sou seu líder, então você deve me honrar". Esse pensamento tornou-se tão comum que parece até que é normal ou correto, mas não é. O fato é que não seria coerente que eu, como líder, pregasse: "Você deve me amar e perdoar sempre, porque eu sou o líder", ou: "Você precisa ser generoso comigo, afinal, sou seu pastor".

Ao analisarmos o estilo de Jesus, torna-se sem sentido afirmar impositivamente que alguém deve nos honrar. Acredito profundamente na importância da honra para um ambiente sadio de liderança, logo, onde se vive o Reino, a honra deve estar presente. No entanto, algo fundamental a se fazer como líder é gerar um ambiente de amor, honra e generosidade a partir de um coração disposto e voluntário, não por obrigação. Sendo assim, precisamos cuidar de como transmitimos e ensinamos isso.

Sempre que penso nisso, me lembro da frase do político e advogado Calvin Coolidge, antigo presidente dos Estados Unidos. Ele disse, certa vez: "Ninguém jamais foi honrado por aquilo que recebeu. Honra é a recompensa por aquilo que damos". Com isso, fica claro perceber que nós podemos iniciar um ciclo de honra, basta darmos o primeiro passo e, consequentemente, haverá um retorno.

É para isso que a Palavra nos alerta, em Gálatas 6.7b: "Pois o que o homem semear, isso também colherá" (NVI). Certamente, nosso foco não deve estar no que receberemos. Temos de semear com sinceridade em nossos corações, assim como Jesus. É nossa responsabilidade tomar a iniciativa e, assim, criar um ambiente de consideração uns para com os outros, para, então colhermos.

Dessa forma, o ato de honrar é algo que deve ser exercido de cima para baixo, ou seja, começar por quem está em uma posição de autoridade e se expandir aos que estão debaixo de sua liderança, daquele que lidera para o liderado, do marido para a esposa, do pai para os filhos. Um ambiente no qual se estabelece honra genuína é onde o líder é o primeiro a dignificar os outros, e, assim, ser o exemplo. Por consequência, ao perceber a maneira como é tratado, o liderado é levado a agir da mesma forma.

Uma vez, tive a oportunidade de aconselhar um casal de pastores. Dias antes, tínhamos celebrado o aniversário da minha esposa. Quando encontramos o casal, a pastora compartilhou sobre os desafios que estava enfrentando junto ao seu marido, e, finalmente, nos disse: "Em nossa igreja, as pessoas não nos honram. Eu reparei na festa que fizeram no aniversário da Bruna, e o tanto de presentes que ela ganhou. Quando vi isso, fiquei tão desapontada comigo mesma. Acredito que minhas lideradas jamais se importariam comigo a ponto de fazer algo assim". Entretanto, apesar de ouvir atentamente o que essa pastora dizia, pude perceber que ela estava cometendo um erro bastante comum: exigir das pessoas algo que não estava disposta a dar.

Um ponto importante sobre essa história é que a comemoração preparada para a Bruna aconteceu pouco tempo depois do aniversário de uma discípula dela. A moça estava grávida e enfrentava um quadro emocional muito intenso. Como o dia de seu aniversário se aproximava, minha esposa organizou uma festa para ela. Tudo já estava pronto, mas quando ela soube do que estava acontecendo, disse que não queria participar.

Então, tivemos de cancelar a festa. Quando todos nós, que estávamos trabalhando na organização dessa comemoração, soubemos disso, nos demos por vencidos e acreditamos que realmente ela não aconteceria. Até que a Bruna nos alertou: "Ela quer a festa, mas não está se sentindo bem. É justamente por isso que a celebração será ainda mais importante para ela em um momento como esse". E minha esposa estava certa!

> Honra não é algo a ser exigido, e sim a ser entregue.

Então, duas semanas depois do aniversário dessa jovem, nós estávamos fazendo uma megafesta. Nem preciso dizer o quanto isso gerou um impacto positivo em seu coração, ela ficou radiante.

Passado algum tempo, era o dia do aniversário da Bruna. E imagine o que aconteceu? Ela foi honrada com uma linda festa e muitos presentes. Esse é um exemplo de que, ao valorizar as pessoas e doar-se por elas, geramos, como consequência, que essas mesmas pessoas façam algo semelhante por nós. Honra não é algo a ser exigido, e sim a ser entregue.

Quando falamos de honra, automaticamente pensamos naquilo que acreditamos que os outros deveriam fazer por nós, mas, em verdade, trata-se do que fazemos por eles. Se, para honrar alguém, tivéssemos como base o que recebemos, nos tornaríamos reféns, pois não está em nossas mãos controlar a forma como as pessoas nos tratam. De fato, o que nos cabe é mudar nossas próprias atitudes. Temos muito mais autoridade sobre nosso comportamento do que sobre o dos outros. Portanto, nosso exemplo certamente é a maneira mais efetiva de promovermos um ambiente de honra, uma vez que não basta apenas fazer um belo e sofisticado discurso, mas realmente colocá-lo em ação.

Tenho um amigo, o escritor Felipe Bartoszewski, que costuma dizer o seguinte: "Não vejo problema algum em falarmos sobre honra, desde que estejamos com a toalha nas mãos, e não com os pés na bacia". Essa frase traduz com profundidade o que creio ser o cerne desse assunto.

Quando exigimos que a iniciativa de estimar e celebrar nossa vida venha por parte dos liderados, é como se, ao contrário do que Jesus fez, estivéssemos convidando-os a lavar nossos pés. No entanto, o Mestre dos mestres nos ensina que somos nós quem devemos nos prontificar a lavar os pés das pessoas. Ao fazer isso, saímos do centro, e colocamos o outro em uma posição de valorização e apreço.

Além disso, algo interessante sobre esse ato simbólico é que, se pararmos para pensar, os pés apontam para uma parte do corpo que não costumamos expor, já que são classificados por muitos como "sujos". E se analisarmos o lava-pés na época de Jesus, entenderemos que esse ato era ainda mais significativo. Naquele tempo, as ruas não eram asfaltadas, e era costume utilizar sandálias abertas, que deixavam os pés com bastante sujeira entre os dedos e as unhas. Por causa disso, era comum que o chefe da casa tivesse um empregado que se dedicasse somente a lavar os pés de seus convidados, de forma que eles pudessem sentar-se à mesa com os pés limpos.

No entanto, de acordo com o que está escrito no capítulo 13 do evangelho de João, Jesus não tinha medo ou nojo de tocar no que estava sujo, pelo contrário, Ele Se dispunha a purificar até mesmo as maiores impurezas, e continua fazendo isso até hoje. O Rei dos reis se propôs a limpar os pés de homens comuns. Essa atitude gerou tamanho constrangimento que Pedro, um de Seus discípulos, disse: "[...] Nunca me lavarás os pés [...]" (v. 8). Cristo, porém, rapidamente, o advertiu: "[...] Se eu te não lavar, não tens parte comigo" (v. 8).

Em outras palavras, Jesus estava ensinando a Pedro que esse era o padrão do Seu Reino. Talvez, o discípulo tenha ficado perplexo e sem saber como reagir. Afinal, o que fazer quando O único que é realmente digno de toda a honra, escolhe honrar você?

Essa passagem nos faz entender que, quando um líder se propõe a dar honra aos seus liderados, gera-se uma atmosfera espiritual de purificação e vida, em que a cura é liberada. Foi nesse ambiente de confiança e amor que os discípulos de Jesus foram limpos de toda impureza. No momento em que estavam com os pés na bacia, e foram lavados pelo Mestre, a verdadeira identidade de cada um deles foi descortinada. Poderia haver forma melhor de mostrar o valor que aqueles homens tinham para Ele? Ou um jeito mais perfeito de demonstrar que eles eram únicos e amados? Toda vez que um liderado é honrado por seu líder, ele recebe uma revelação maior sobre quem ele é de verdade.

Outro aspecto relevante nesse cenário é o fato de que, naquele tempo, o lava-pés era realizado por um servo da casa. De acordo com a cultura da época, havia basicamente três tipos de servos: os que protegiam os bens do seu senhor, os que cuidavam da casa e os responsáveis por lavar pés. No primeiro grupo, estavam aqueles que tinham maior conhecimento e eram mais estimados. O segundo era formado pelos que ficavam responsáveis pelo lar, pelos filhos de seus patrões e pelos afazeres domésticos; logo, eram servos de confiança e com competência para esse tipo de serviço. Já os que tinham a função de lavar os pés de seus senhores e seus convidados eram do terceiro e último nível, os menos considerados.

É por isso que todos aqueles que presenciaram o momento em que Jesus lavou os pés dos discípulos tiveram a convicção de que não havia como colocar-se em uma posição mais baixa do que aquela, ou como evidenciar a importância de alguém tão explicitamente.

Sim, o Filho de Deus havia Se alocado, literalmente, na posição do menor servo. Com isso, Ele mostrou o quanto estimava aqueles homens. E mais, o Senhor sabia que assumir o posto de um escravo não diminuiria quem Ele era, e sim revelaria o valor de Seus liderados. >

> ❯ Honrar aqueles que estão sob sua liderança não coloca você em uma posição menor, mas faz com que eles se sintam estimados e confiantes.

Produza um ambiente de vulnerabilidade

Diante do lava-pés, um ambiente saudável de vulnerabilidade estava sendo estabelecido na equipe de Jesus. Aliás, talvez seja isso que justifique o sucesso desse grupo após Sua ascensão, além de explicar também o êxito da transição da liderança dos apóstolos para Pedro quando Cristo teve de deixar a Terra. No lava-pés, as impurezas de cada um dos discípulos estavam sendo expostas na frente uns dos outros, o que gerava poder para fortalecer o coletivo. Da mesma forma, Jesus foi vulnerável ao tirar Seu manto, fazendo com que os demais se sentissem confortáveis para mostrar o que estava sujo e pudessem ser lavados.

É por esse motivo que é tão importante para nós, líderes, mostrarmos quem somos para aqueles que estão próximos de nós. O fato de expormos nossas fraquezas sempre irá gerar empatia e conexão entre discípulos e mestres.

Porém, contrapondo-se ao exemplo de Jesus, há um perfil de liderança que quer mostrar-se sempre perfeito. Por causa disso, acabam não se permitindo ser simplesmente humanos. É evidente que o Senhor não tinha falha alguma, mesmo assim, foi o mais vulnerável que poderia ser, tirando Seu manto diante dos discípulos. Já nós, temos fraquezas, medos e dificuldades. E se, por um lado, o líder tem de ser um padrão de inspiração, direção e força; por outro, deve ser vulnerável e abrir-se para mostrar sua realidade às pessoas.

Contudo, a tentativa de assumirmos a figura de superpoderosos é um jeito de mascarar nosso orgulho e arrogância. Além do mais, se nos preocuparmos demasiadamente com nossa imagem e reputação, perderemos a oportunidade de ensinar pessoas com nossos erros e desafios. Exibir uma imagem de perfeição demanda de nós algo sobre-humano. É justamente por isso que muitos líderes assumem cargas que os levam ao esgotamento emocional, pois exigem de si mesmos o que Deus não lhes pediu. Mas quando há vulnerabilidade, evidencia-se a beleza que existe em sermos humanos. Isso, porque, em meio à nossa sujeira, Ele Se dispõe a nos tornar limpos.

Assim, ser líder é tornar-se uma referência sem deixar de ser verdadeiramente humano. Deus não nos criou para que fôssemos anjos, não foi com esse propósito que Ele nos fez. O desejo do Criador em relação ao Homem é ter um relacionamento. Na Nova Aliança, ou seja, quando fomos reconectados a Deus através de Jesus, recebemos um coração de carne no lugar de um coração de pedra. Isso significa que Ele nos humanizou, nos fez sensíveis aos outros e ao Senhor, e capazes de amar novamente. A partir disso, quanto mais recebemos do Seu amor, mais entendemos a natureza da nossa criação, quem realmente somos: humanos e filhos, extremamente amados pelo Pai. Deus nos aceita como somos, pois foi Ele mesmo quem nos criou a fim de nos ter como amigos e filhos.

Entretanto, muitas vezes, a maneira como nos relacionamos com Deus é um tanto quanto estranha, você não acha? Parece que, à medida que nos tornamos mais "espirituais", pensamos que há uma necessidade de agradá-lO, escondendo nossas áreas mais debilitadas, aparentando sermos perfeitos e impecáveis. Porém, isso simplesmente não é possível. Então só nos resta buscar nos aperfeiçoar constantemente, mas também reconhecer nossas fraquezas e deixar que Ele cuide delas.

> **Assim, ser líder é tornar-se uma referência sem deixar de ser verdadeiramente humano.**

Lembre-se de que, em Seus dias na Terra, Jesus foi cem por cento homem – mesmo sendo cem por cento Deus –, o que quer dizer que, se tem Alguém que nos entende, é Ele. Apesar de Sua divindade, Cristo escolheu se fazer humano e viver como nós. Ele abraçou crianças, cuidou dos idosos e das viúvas, fez um monte de amigos, curou, libertou, restaurou e amou pessoas, e até demonstrou sua fragilidade no Getsêmani, por exemplo. Com isso, Ele nos mostrou a beleza que há na humanidade: a capacidade de amarmos as pessoas da forma como Ele amou.

O Senhor não viveu para Si mesmo. Tanto é verdade que Ele fez uma oração no Getsêmani: "Pai, se queres, afasta de mim este cálice; contudo, não seja feita a minha vontade, mas a tua" (Lucas 22.42 – NVI). E após isso, entregou-Se à morte de cruz. Portanto, também cabe a nós devolver tudo o que somos para Ele, e servir aos outros em amor, de acordo com Sua vontade. Ao tirarmos o foco de nós mesmos, somos capazes de valorizar as pessoas, uma vez que, quando não precisamos nos preocupar com nossa própria exaltação e em nos autopromover, somos livres para simplesmente amar e honrar aqueles que compõem nossa equipe. Além disso, podemos ser verdadeiramente quem somos e liderar como Jesus, servindo aos nossos irmãos.

TAREFA 1

No momento em que começamos a honrar nossos liderados, o Espírito de Cristo é liberado em nossa equipe. A honra não é algo que deve ser exigido das pessoas, mas compartilhado com elas.

1. Faça um momento de honra aos seus liderados: Jesus lavou os pés dos Seus discípulos. Ele fez um ato simbólico para lhes mostrar o quanto eram importantes. Desafio você a fazer uma cerimônia para honrar sua equipe. Use a criatividade. Pode ser um jantar, um passeio ou o próprio lava-pés.

2. Assuma uma liderança mais vulnerável: Ser você mesmo é o maior patrimônio que você pode transmitir às pessoas. Estabeleça uma liderança mais livre e aberta.

2 QUAL O VALOR DE CADA PESSOA?

> "Liderança é sobre enxergar nas pessoas o mesmo potencial que Deus viu ao criá-las."

Uma das coisas que eu acho mais fascinantes na pessoa de Deus é a forma como Ele sabe, como Criador, valorizar o que fez, especialmente quando se trata do Homem. Ao longo da História, o Senhor sempre demonstrou o quanto a humanidade é importante para Ele, chegando até mesmo a entregar Seu único Filho, o que Ele tinha de mais valioso, para morrer em nosso lugar. E Suas demonstrações de amor continuam até hoje, e nos surpreendem a cada manhã. Pode-se dizer, com total segurança, que o Pai nos considera muito preciosos e estimados.

Entretanto, nem sempre a maneira como nós nos enxergamos condiz com essas verdades. Temos a tendência de acreditar mais nas mentiras do Inimigo, que nos diz repetidamente que não temos valor, do que na voz do nosso Pai, que nos afirma constantemente o quão significativos somos. Dessa forma, precisamos urgentemente entender a verdade que existe nessas afirmações e nos apropriar do valor que Ele vê em nós. À medida que cremos em Suas palavras, adquirimos também mais segurança de quem somos n'Ele.

Agora, você pode se perguntar: Mas o que isso tem a ver com liderança? Entender quem somos aos olhos de Deus é extremamente fundamental para qualquer um que deseja liderar pessoas de forma saudável. A partir do momento em que compreendemos nosso valor para Ele, mudamos não apenas a maneira como olhamos para nós mesmos, mas também começamos a

> **Entender quem somos aos olhos de Deus é extremamente fundamental para qualquer um que deseja liderar pessoas de forma saudável.**

ver os outros por uma perspectiva celestial. Passamos a enxergar claramente nossos liderados como filhos preciosos do Senhor, seres únicos, com habilidades e características singulares. Essa nova visão, na qual valoriza-se a pessoa em sua identidade original, nos aproxima do conceito que Deus revelou em Sua Palavra sobre liderança.

É justamente por essa razão que é necessário romper com os clichês e ir além da ideia de que liderar é sobre sustentar um título, ter *status* e uma programação aos finais de semana garantida na igreja. De acordo com a Palavra, entendemos que o foco de um líder deve ser as pessoas. Amar, ensinar, orientar e dar suporte a quem precisa.

No entanto, quando não compreendemos que as vidas são extremamente importantes para o Senhor, temos como consequência pessoas supercarentes dentro de relacionamentos ministeriais. Tanto líderes quanto liderados têm sofrido por não se sentirem supridos em atenção e cuidado. Assim, de um lado, há pessoas que precisam de um olhar atencioso e credibilidade para que possam se desenvolver; do outro, vemos líderes cansados e sem a perspectiva de que o outro estará pronto para assumir seu lugar futuramente. Contudo, ao mesmo tempo em que entendemos a necessidade de que o discípulo seja tratado e encorajado, também é fundamental que ele desenvolva autonomia emocional para que não permaneça preso à necessidade constante de validação de uma referência. Além disso, devemos ter sempre em mente que cuidar de algo muitíssimo significativo sem a compreensão do quanto aquilo vale pode nos levar ao descuido. Entenda: você só cuidará bem das pessoas quando entender quão valiosas elas são.

A origem da liderança eficaz

Ser um bom líder não diz respeito apenas a ter um bom domínio sobre um tema, ou a anos de experiência, nem mesmo à quantidade de bons livros lidos. Na verdade, a boa liderança se origina no entendimento do quanto as pessoas são importantes. Fomos chamados para estabelecer o Reino de Deus na Terra, por isso, precisamos priorizar o que Ele nos confiou para cuidarmos. Não me lembro bem onde foi que li ou escutei essa frase, mas isso, com certeza, me marcou profundamente. Dizia algo nesse sentido: o que realmente importa para as pessoas não é o que você sabe, mas o quanto você se preocupa e zela por suas vidas.

Se pararmos para pensar, observaremos que aquilo que mais importa ou o que tem mais valor para nós sempre receberá maior cuidado e atenção. Um exemplo disso são os sistemas de segurança de estabelecimentos. Os profissionais dessa área que trabalham em renomados museus de arte recebem um treinamento mais intenso do que um segurança que vigia uma loja de conveniência de bairro, por exemplo. Isso, porque aqueles quadros e objetos são bastante significativos. Fazer essa comparação me lembrou de uma história que meu amigo me contou. Ele já estava indignado por sempre perder suas canetas, então, teve a brilhante ideia de comprar uma de quatro mil reais. Seu raciocínio foi bastante lógico: ninguém trata de qualquer jeito uma caneta cara como essa. E sabe o que aconteceu? Ele nunca perdeu aquela caneta caríssima, pois tomava muito cuidado com ela e não a deixava em qualquer lugar.

> Na verdade, a boa liderança se origina no entendimento do quanto as pessoas são importantes.

O que precisamos entender é que as pessoas são seres raros e suas vidas custaram um preço altíssimo: o sangue de Jesus. Somente quando compreendermos isso plenamente, passaremos a liderar com excelência.

Portanto, o que pode nos ajudar é pararmos para analisar a nós mesmos e procurar entender se realmente estamos enxergando cada uma das vidas que estão sob nossa responsabilidade da mesma maneira que o Mestre o faz. Apesar de serem pessoas como nós, cheias de defeitos, elas precisam ser vistas com os olhos de

Jesus, para, então, serem cuidadas; todos necessitamos disso. O Senhor sempre nos mostra o quão inestimáveis somos. Assim como lemos na carta de Paulo aos romanos, nós valemos o sacrifício de Cristo na cruz. E apesar dos nossos pecados, somos a criação mais importante deste planeta, somos imagem e semelhança do Senhor! Nem mesmo o bem mais caro do mundo todo pode ser comparado a uma vida.

> Mas Deus prova o seu amor para conosco, em que Cristo morreu por nós, sendo nós ainda pecadores. (Romanos 5.8)

Cristo viu valor na humanidade, Ele tem muita consideração por nós. Não somente por aqueles que são notáveis para as pessoas, pois Seu olhar está sobre cada um, sem exceção. Por esse motivo, as passagens bíblicas que revelam como Jesus demonstrou apreciação aos indivíduos que eram deixados de lado são tão inspiradoras. Vemos um exemplo disso em Lucas 15, quando Ele explicou cuidadosamente sobre a importância de reconhecer o valor de encontrar aquele que estava faltando.

> Que homem dentre vós, tendo cem ovelhas, e perdendo uma delas, não deixa no deserto as noventa e nove, e vai após a perdida até que venha a achá-la? E achando-a, a põe sobre os seus ombros, jubiloso; E, chegando a casa, convoca os amigos e vizinhos, dizendo-lhes: Alegrai-vos comigo,

porque já achei a minha ovelha perdida. Digo-vos que assim haverá alegria no céu por um pecador que se arrepende, mais do que por noventa e nove justos que não necessitam de arrependimento. Ou qual a mulher que, tendo dez dracmas, se perder uma dracma, não acende a candeia, e varre a casa, e busca com diligência até a achar. E achando-a, convoca as amigas e vizinhas, dizendo: Alegrai-vos comigo, porque já achei a dracma perdida. Assim vos digo que há alegria diante dos anjos de Deus por um pecador que se arrepende.
(Lucas 15.4-10)

O interessante é que, em meio aos publicanos, pecadores e os outros que O escutavam, Ele intencionalmente exaltou a importância que cada pessoa tem no Reino dos Céus.

A realidade é que histórias como essas são sobre nós. Jesus encontrou em nós algo significativo, o que ninguém conseguiu perceber antes. Ele viu beleza em nossas vidas quando estávamos encobertos pela sujeira do pecado. Prova disso é que encontramos, diversas vezes na Palavra, relatos de pessoas desprezadas, que não pareciam ser capazes de fazer coisas significativas, muito menos carregavam algo especial, e que nem mesmo acreditavam em si mesmas. Contudo, temos um Pai que não vê da mesma maneira como vemos. Ao contrário dos seres humanos, Deus enxerga o que está em nosso coração. O que importa para Ele não são as aparências, ou as atitudes por si mesmas, mas nossas motivações.

Assim, quando entendemos que, para Deus, o que realmente vale é o coração das pessoas, passamos a enxergá-las de maneira diferente. O nível da nossa disposição para cuidar delas é completamente alterado a partir do momento em que ganhamos essa compreensão a respeito da nossa real função como líderes. Começamos a liderar com excelência, não pelo que receberemos em troca, mas porque nossos discípulos são dignos. Ao enxergar por essa perspectiva, iremos nos dispor a fazer o que devemos com alegria e qualidade, sem medir esforços, dando sempre nosso melhor.

> É preciso liderar se sentindo privilegiado.

Um dos líderes que mais influenciou minha vida dizia: "É preciso liderar se sentindo privilegiado". Essas palavras me marcaram, e confesso que, quanto mais amadureço, mais percebo que ele estava certo. O que faz de nós líderes melhores é entender a honra que é cuidar de pessoas. Para isso, precisamos enxergá-las como Jesus as vê.

É preciso ajustar nossa visão

As pessoas têm muito mais significado do que suas aparências mostram. Por isso, é preciso enxergarmos além da ótica natural. A perspectiva humana é cruel. Julgamos o valor de alguém por suas roupas, pelo lugar onde mora, pelas suas origens, pelos seus diplomas (ou a falta deles); julgamos até pela quantidade de dinheiro em suas contas bancárias, ou pior: por coisas que fizeram no passado. Em poucos minutos, formamos uma opinião. Validamos as pessoas com base em julgamentos preconceituosos, por aspectos aparentes, e baseados em uma análise superficial, definimos se eles são bons o suficiente para andar conosco. Portanto, a fim de não desperdiçarmos o potencial que encontramos nas pessoas, devemos avaliar se, de fato, estamos enxergando-as como o Senhor as vê.

Essa cautela é necessária para não fazermos como um dos trabalhadores da parábola dos talentos, narrada em Mateus 25. Nessa passagem, relata-se a respeito de um senhor que deu talentos para seus servos administrarem. Mas aconteceu que um deles, aquele que recebeu apenas um, em vez de negociá-lo para conseguir mais, o enterrou (v. 14-29). O problema é que não foi com essa intenção que o senhor lhe entregou a moeda, pois ele não a queria de volta. Aquele homem que enterrou o que havia recebido não tinha visto o potencial do que estava em suas mãos, e, por esse motivo, não o desenvolveu. Infelizmente essa é a realidade de muitos líderes, os quais não conseguem enxergar o potencial daqueles que foram confiados a eles e acabam enterrando-os de maneira displicente. É justamente por isso que nós não recebemos talentos a fim de que estes sejam enterrados, mas para que se desenvolvam e sirvam às pessoas.

Se o Senhor confiou a nós o cuidado de uma pessoa, isso, além de um presente, é uma responsabilidade. Logo, nosso trabalho não é simplesmente protegê-la, como o servo negligente da parábola, mas fazê-la crescer e alcançar seu potencial máximo dentro do chamado do Pai para sua vida. Ao notar a capacidade que nossos liderados têm, devemos orientá-los sobre como desenvolver esse talento. É importante entender a razão de cada um estar na posição em que está, além de perceber suas aptidões, gosto e a personalidade que apresentam, afinal, tudo isso tem ligação com o que fomos chamados a fazer. Essa pessoa, assim como cada um de nós, também recebeu em suas mãos um talento, e é nossa responsabilidade como líderes discipulá-la para que multiplique o que lhe foi entregue pelo Senhor. Dessa maneira, um a um, com consistência e fidelidade, podemos contribuir para a expansão do Reino de Deus de forma eficiente. ❯

> ❯ Liderar com excelência é enxergar nas pessoas o potencial que o Senhor colocou nelas ao criá-las.

Por causa desse olhar atencioso, compreendemos com um pouco mais de profundidade o motivo pelo qual Jesus renunciou Sua vida por nós. Ele sempre nos amou e enxergou na humanidade algo que não podemos compreender: acreditou que cada um de nós valia a pena. Para Cristo, um olhar superficial e imediatista nunca fez o menor sentido. É como o apóstolo Paulo afirmou:

> De modo que, de agora em diante, a ninguém mais consideramos do ponto de vista humano. Ainda que antes tenhamos considerado a Cristo dessa forma, agora já não o consideramos assim. (2 Coríntios 5.16 – NVI)

É exatamente essa perspectiva celestial que nos leva a entender que nossos discípulos não são menores do que nós. Tampouco a posição de liderança é um meio para alcançar objetivos pessoais, mas uma plataforma para viabilizar encontros de pessoas com o amor do Pai. Nunca foi sobre nós mesmos e nem será.

Isso sem contar que, para os liderados, saber que alguém os valoriza ou simplesmente não os julga pelo que aparentam ser é transformador. Lamentavelmente, eu já me relacionei com líderes que pareciam chefes, dando ordens o tempo inteiro e ignorando o poder do relacionamento pessoal. Entretanto, é por meio de uma conexão saudável conosco que o discípulo poderá desenvolver uma amizade profunda com Deus, e é exatamente isso que o fará crescer. Desse modo, valendo-se de uma ligação afetiva repleta de cuidado e

> **Nós somos mordomos, não patrões.**

ensino que servimos aos nossos liderados. Nós somos mordomos, não patrões. O que estamos construindo com eles precisa ser um legado de amor.

É sobre isso que Jesus nos ensina com Sua vida: amor, entrega e serviço. Inclusive, esses ensinamentos se aplicam a nós. Também somos filhos de Deus Pai e precisamos nos deixar ser transformados a fim de nos tornarmos mais parecidos com o Mestre, porque é a humildade, a mansidão e o coração de servo que recebermos d'Ele que passaremos a transbordar nos outros. Por outro lado, infelizmente, muitos têm se aproveitado de seus postos como líderes para exercerem seus papéis com altivez e arrogância, mesmo isso não condizendo com Seu exemplo. Aliás, essa é uma postura que não devemos ter com nenhuma pessoa, quanto mais com aqueles de quem cuidamos.

É essa mentalidade que Jesus quer que desenvolvamos, e que ensinou a Seus discípulos. Fico imaginando a honra que deve ter sido para os apóstolos caminharem ao lado do próprio Salvador, o Ser mais incrível que já pisou no mundo. Viver cada processo de suas vidas com Cristo, aprender com Ele, ouvir Suas palavras, receber Seu encorajamento e exemplo, além de ter acesso em primeira mão a uma maneira de pensar totalmente inovadora e maravilhosa são apenas alguns dos privilégios que aqueles homens devem ter tido. Eles eram constantemente impulsionados a dar o melhor de si e, assim, a cumprir o que foram chamados para fazer.

O que tem valor merece ser cuidado

Quando entendemos o valor das pessoas, passamos a fazer tudo com amor. Sobretudo, devemos tomar cuidado quando precisamos repreender ou pontuar alguma questão na qual devem melhorar. Não se pode tratar algo valioso de qualquer forma. Por isso, mesmo quando percebemos que há necessidade de reparos na vida de alguém, devemos orientá-lo com o máximo de zelo, a fim de trazermos restauração, e não mais feridas. Sempre que penso nisso, me lembro de uma frase da Madre Teresa de Calcutá de que gosto muito:

> Não devemos permitir que alguém saia da nossa presença sem se sentir melhor e mais feliz.

Existem casos de líderes que, ao confrontarem seus discípulos, lançam mãos de palavras tão pesadas e exageradas que, em vez de aproveitarem o momento para expor críticas construtivas, fazem com que eles se sintam menosprezados. O resultado disso acaba sendo raiva, revolta e tristeza, enquanto deveria ser crescimento, uma vez que confrontos são essenciais em uma jornada de amadurecimento e aprendizado. No entanto, as repreensões precisam carregar amor e verdade, pois só assim auxiliaremos as pessoas a crescerem verdadeiramente. E aqui, mais uma vez, temos nosso Mestre Jesus como exemplo. Todas as vezes em que Lhe apontavam pecados e equívocos de alguém, Ele tratava cada situação e pessoa com amor, sem julgamentos ou desprezo. Precisamos agir da mesma maneira, porque confrontar o próximo com a verdade é lembrá-lo de quem ele é em Jesus. Acredite:

> A verdade só surtirá efeito se estiver acompanhada de amor.

As Escrituras dizem que Cristo veio cheio de graça e verdade. Ou seja, Sua verdade está envolta na graça. E é por meio disso que somos compelidos a mudar nossas vidas, trocando os pecados e as debilidades por Sua restauração. O maior confronto que alguém pode receber é o amor de Deus, pois somente ele é capaz de nos impulsionar a buscar uma vida de santidade. Fomos feitos para viver na presença do Pai e nos parecer com Ele. Logo, quanto mais íntimos do Senhor, e mais próximos de Sua santidade estamos, mais santos nos tornamos.

Portanto, se dentro de nós ainda existe algo que está em desacordo com Sua natureza, devemos buscar mais proximidade com o Senhor. Enquanto admiramos Sua face, somos transformados de glória em glória. É desse jeito que nosso processo de crescimento acontece, pois, ao contemplarmos Sua beleza, somos naturalmente instigados a nos tornar nossa melhor versão, quem realmente nascemos para ser de acordo com o plano divino. Algo que eu amo a respeito da transformação que Ele causa em nós é que ela não tem raiz na autodepreciação, mas na compaixão, nos corrigindo de forma construtiva e saudável.

Aprendi a importância disso em casa, ao tratar de uma situação familiar. Tenho uma filha de 7 anos chamada Cloe. Enquanto ela crescia, descobri que alguns confrontos e correções eram necessários. No entanto, quando comecei a colocá-los em prática, não soube agir da forma correta. Em uma ocasião, ao vê-la fazer bagunça em seu quarto, a repreendi dizendo: "Cloe, você é uma bagunceira! Olha o que fez no seu quarto, está tudo espalhado! Será que não consegue perceber que já estava tudo arrumado? Como você é desorganizada!". Naquele momento, eu entendia que precisava corrigir sua atitude, mas meu erro foi não ter falado com amor. Eu estava apenas afirmando que ela era desorganizada e bagunceira, em vez de encorajá-la a fazer seu melhor. E quanto mais eu apontava para seu erro, pior a situação se tornava.

Contudo, um dia o Senhor falou comigo sobre o jeito como deveria lidar com minha filha. Ficou claro que meu papel era repreendê-la da mesma maneira que Ele faz comigo: com cuidado e amor. Então, em vez de lhe dizer apenas palavras negativas, passei a lhe afirmar: "Filha, olhe essa bagunça, isso não combina com você. Você é uma princesa, uma menina organizada!". À medida que ela ouvia essas verdades, começou a olhar a desorganização com outros olhos e a perceber que, realmente, aquilo não condizia com uma princesa. Mesmo em meio às nossas bagunças, a forma de Deus de lidar conosco sempre leva em conta o valor que temos aos Seus olhos. Por isso, é assim que devemos tratar uns aos outros.

Hoje, entendo que a verdade revelada por uma perspectiva celestial é mais poderosa do que os fatos visíveis aos olhos naturais. Essa visão é necessária, pois a falta dela pode fazer de qualquer confronto uma catástrofe. Digo isso porque, geralmente, as pessoas sabem o que precisam mudar, mas não conseguem colocar em prática essa transformação. A questão é que observar e pontuar o que se vê, por uma perspectiva natural, nos mostra, de maneira prática, o que devemos fazer de diferente nas situações, porém, é só a verdade de quem somos em Cristo que pode nos levar a uma mudança genuína. A fé necessária para que isso aconteça surge ao ouvirmos os pensamentos de Deus a nosso respeito. Como vemos em Romanos, somente pela fé e por meio de Cristo:

> Logo a fé vem pelo ouvir, e o ouvir vem pela palavra de Cristo. (Romanos 10.17 – TB)

Simplesmente dizer às pessoas o que há de errado com elas não é o suficiente. Vejamos o exemplo dos tribunais: se alguém for pego roubando, é bem provável que este seja levado a julgamento e condenado. Esse veredito não está errado, mas o simples fato de a legislação dizer que ele deve ser preso, por causa do furto, dificilmente irá gerar uma mudança boa e genuína em seu caráter. Mas as palavras do Senhor trazem verdades a respeito de cada um de nós, independentemente do quanto já tenhamos errado, e conhecer a Sua perspectiva nos leva a uma transformação radical.

Assim, o que precisamos entender é que a graça divina não invalida os nossos erros, mas nos dá poder para vencê-los e deixá-los definitivamente no passado. No caso do ladrão que é levado a julgamento, usado como exemplo, ele não será transformado de acordo com os pensamentos do Senhor sobre ele simplesmente ao cumprir uma sentença. A mudança em sua vida só acontecerá, de fato, por meio do poder divino. Somente o Pai pode nos transformar de forma completa e perfeita. Portanto, é essencial termos sempre as verdades de Cristo em nós e dizê-las para as pessoas. Ao fazer isso, podemos liberar uma reforma sobre a vida de quem cuidamos. Com fé no que foi dito, eles passam a agir de acordo com essas palavras.

A verdade é que vivemos pela fé, o que significa que vemos além das circunstâncias terrenas e enxergamos os milagres antes mesmo de que eles sejam concretizados. Era isso o que Jesus fazia.

> Jesus nos mostra nitidamente que nossos liderados refletem a visão que temos sobre eles.

As pessoas mudam quando entendem o valor que têm

Ao escolher Seus discípulos, Jesus selecionou justamente aqueles que precisavam ser melhorados. Além de complicados, eles eram homens cheios de defeitos, com muitas falhas de caráter, assim como nós. No entanto, Cristo os enxergou com os olhos da fé. Não havia probabilidade alguma de que eles fizessem grandes coisas sem o incentivo do Senhor. Ele escolheu uma equipe naturalmente desajustada, que, com certeza, não seria valorizada por muitos.

O interessante é que, durante a caminhada do Mestre na Terra, não O vemos exigindo que Seus discípulos O servissem; pelo contrário, Ele era quem os servia. Jesus fazia isso para lhes mostrar o quão preciosos eram. A única vez nas Escrituras em que Jesus é retratado como Senhor foi quando lavou os pés de Seus seguidores mais próximos. Com Sua humildade, Ele nos mostrou que a atitude de servir é a melhor forma de ensinar. O valor que enxergou em cada um daqueles que andavam ao Seu lado foi essencial para que cumprissem, de maneira exemplar, seus chamados.

Consequentemente, podemos encontrar exemplos como o de Pedro, que, apesar de seu caráter, em princípio defeituoso, tornou-se o mensageiro da Ressureição. O Messias poderia tê-lo abandonado, já que por três vezes ele O negou. Mas a certeza que o Senhor tinha sobre o propósito daquele homem foi maior do que qualquer desapontamento. Com isso, Jesus nos mostra nitidamente que nossos liderados refletem a visão que temos sobre eles.

É lindo ver o processo de Jesus com Pedro, que, mais tarde, se tornaria o sucessor na liderança da equipe apostólica. O Senhor nos revela de forma clara que nosso time se tornará o produto direto daquilo que enxergamos a seu respeito. A Bíblia nos diz:

> E o levou a Jesus. Jesus, olhando para ele, disse: Tu és Simão, filho de João; tu serás chamado Cefas (que significa Pedro). (João 1.42)

Em seu primeiro encontro com Jesus, Pedro recebeu do Mestre uma sentença diferente de todas as que já havia tido em sua vida. O Senhor lhe revelou o olhar do Pai a respeito dele. Mostrou a Pedro o valor que ele tinha, mesmo antes que ele pudesse perceber isso.

Sendo assim, o que definiria o quanto Jesus investiria em Pedro? O que faria que Ele suportasse suas debilidades e não Se ofendesse diante das falhas daquele homem? O que o Mestre pôde ver nesse discípulo desde o primeiro momento em que o encontrou? Na primeira vez em que se depararam, era notório como ele ainda não era um homem transformado, mas Jesus percebeu algo diferente nele. O Senhor não reafirmou sua inconstância, mas lhe trouxe uma verdade superior, liberando uma palavra de destino: Cristo declarou que ele era Pedro – que significa "rocha".

A liderança bíblica não pode ser tratada como uma joalheria, em que encontramos peças prontas e lapidadas, mas deve ser comparada a uma mina, de onde precisamos tirar muita terra, sabendo que embaixo de tudo aquilo existe uma grande riqueza. Aos olhos naturais, Pedro ainda não era uma joia, mas Jesus sabia que debaixo de tantas debilidades havia algo precioso. Por conta da perspectiva humana, procuramos somente aqueles que têm o caráter transformado, são supertalentosos e qualificados. Dessa forma, muitas vezes, optamos por rejeitar uma pedra valiosíssima, porque não estamos dispostos a trabalhar na "remoção da terra". Sim, é bem verdade que escavar é um trabalho penoso. Contudo, resulta em grande alegria.

O Pedro de Atos, líder da equipe apostólica, é o mesmo homem sobre o qual o evangelho de João, capítulo 1, relata. A diferença é que Jesus Se dispôs a remover a terra que havia sobre ele, limpando-o e lapidando-o para que pudesse desenvolver-se naquilo que havia sido criado para ser. Mas e se o Mestre tivesse desistido?

Cristo deu tudo pela equipe que liderou, porque sabia o quanto cada um deles era importante. Ele investiu tudo naquelas pessoas, pois sempre entendeu o valor que elas tinham e acreditou em quem iriam se tornar. Nunca entregaremos algo significativo por pessoas nas quais não acreditamos. Logo, se Jesus sacrificou tudo pela humanidade, inclusive por nossos liderados, não temos o direito de menosprezá-los, pois é Ele quem afirma que eles são valiosos.

Dê o seu melhor, pois você nem imagina quem seus liderados podem se tornar

Analisar pessoas por uma perspectiva exclusivamente humana é algo prejudicial, pois, dessa forma, acabaremos desprezando ou invalidando a capacidade delas. Um exemplo disso foi Jessé, que refletia um modelo de liderança de alguém que não percebia a preciosidade na vida daqueles que estavam sob sua responsabilidade. Ele tinha em casa um menino que um dia se tornaria o maior rei da história de Israel e entraria na genealogia de Jesus, mas não conseguiu reconhecer quem seu filho era de verdade.

O curioso nessa história é que, quando o profeta Samuel chegou à casa daquele pai, tudo que Deus havia lhe dito era que o futuro rei da nação morava ali. Particularmente, acredito que o Senhor não revelou logo de cara que o escolhido seria Davi, porque, naquele momento, a liderança de Jessé seria testada. O profeta era um homem sensível à voz do Espírito Santo,

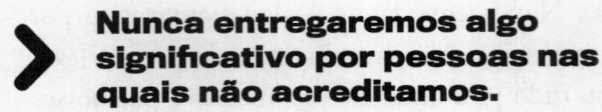

> **Nunca entregaremos algo significativo por pessoas nas quais não acreditamos.**

porém, a falta de percepção imediata sobre quem seria o escolhido pode ter sido uma oportunidade para aquele pai expor sua visão a respeito de seus filhos.

Assim, como bem sabemos, é nítido o desprezo e a maneira como Jessé invalidou completamente a possibilidade de Deus usar Davi como rei. Sua perspectiva em relação ao próprio filho denunciou que ele não conseguia enxergar um grande valor nele. Aliás, Davi nem sequer foi mencionado como um dos herdeiros, fazendo que o profeta precisasse lhe perguntar se tinha algum outro filho:

> Assim, fez passar Jessé a seus sete filhos diante de Samuel; porém Samuel disse a Jessé: O Senhor não tem escolhido a estes. Disse mais Samuel a Jessé: Acabaram-se os moços? E disse: Ainda falta o menor, que está apascentando as ovelhas. Disse, pois, Samuel a Jessé: Manda chamá-lo, porquanto não nos assentaremos até que ele venha aqui. (1 Samuel 16.10-11 – ARA)

E lá estava Davi, menosprezado por seu pai, mas supervalorizado por Deus. Samuel não hesitou em ungi-lo, e talvez esse tenha sido o maior ato de seu legado profético. Quanto a Jessé, não se sabe muita coisa a seu respeito, e talvez o motivo disso seja o fato de ele ter liderado de maneira displicente. Davi, por ser o menor, foi desprezado por seu pai, que, em seu desleixo, deixava seu filho fora da mesa, sem saber que ele era aquele a quem Deus havia chamado para libertar a nação de Israel e restaurar Sua presença nela.

Provavelmente, Davi foi avaliado simplesmente por sua aparência. Ao longo da história, fica claro que Jessé não o olhou sob uma perspectiva correta, ou seja, não o considerou com base nos pensamentos de Deus a respeito dele. Assim, nunca se esqueça da importância de não ser um líder que afasta aqueles que falharam aos olhos humanos, ou que são apontados como incapazes dentro de critérios naturais de avaliação. Também não seja aquele que não reconhece a honra de ter um rei em sua casa.

Se não temos a perspectiva de Deus para enxergar nossos liderados, precisamos de realinhamento, a fim de entrar em Seu padrão. Para exemplificar esse reajuste, podemos pensar no que acontece quando vamos a uma consulta oftalmológica. O médico pede para olharmos para a Tabela de Snellen (um diagrama utilizado para avaliar a precisão da visão). Se enxergamos as letras embaçadas, ele troca as lentes, e continua fazendo isso até conseguirmos ter uma visão clara do que está escrito. É exatamente isso que ocorre no processo de aprendermos a olhar para as pessoas como Deus as vê. Seu amor é como se fosse um tipo de óculos que devemos usar sempre.

Infelizmente, agir da mesma maneira que Jessé é bem mais comum do que deveria ser. Um exemplo disso aconteceu neste ano de 2019, quando fui convidado para ministrar em uma conferência na África. Eram vários dias de evento, e essa experiência foi uma coisa totalmente nova para mim, nunca tinha ido a nenhum país do continente africano antes. O que aconteceu foi que, em um certo dia, um dos pastores me convidou para ministrar aos líderes que cuidavam de pequenos grupos na igreja. Então, quando cheguei à reunião, fiquei impactado com a simplicidade e a beleza daquele ambiente. Era possível perceber a alegria daqueles líderes, eles correspondiam a tudo o que eu dizia com seus olhares e expressões de entusiasmo.

Eu estava a milhares de quilômetros de casa, com pessoas que nunca tinha visto em minha vida. Aparentemente, eram simples líderes de pequenos grupos de uma região remota do continente africano. Nunca tinha escutado a respeito deles antes, ou os visto em redes sociais. Conhecia apenas um pastor brasileiro e sua família, eram as únicas pessoas com quem tinha alguma familiaridade. Mas foi ali, na periferia daquele continente, que fui extremamente honrado e celebrado. Naquele momento, ouvi Deus me dizer: "O verdadeiro motivo pelo qual eu trouxe você aqui é para torná-lo a plataforma que os levanta e capacita, a fim de que eles se tornem maiores que você. Não é sobre sua vida, e sim sobre a deles". Eu levei um choque, e foi naquela hora, dentro daquela sala, que toda teoria ganhou vida.

Durante essa reunião, eu senti o Senhor me mostrando uma jovem que estava naquela sala. Ela tinha acabado de deixar o Malawi, um país com condições bastante difíceis. Até aquele momento, eu não sabia nada sobre ela, mas em meu interior uma voz disse: "Você consegue perceber o privilégio que é poder compartilhar algo com essa moça?". Eu respondi: "Não, Deus, quem é ela?". Então o Senhor me falou: "Ela é uma pessoa extremamente valiosa para Mim!". Ainda me emociono ao lembrar-me dessa cena, porque foi somente a partir do momento em que permiti que minha visão fosse afetada por Seu olhar, que finalmente consegui entender qual era a importância daquela pessoa. Então, totalmente constrangido e cheio de gratidão, foi que compreendi o privilégio que era poder participar do que Deus estava fazendo em sua vida.

Diante disso, minha oração é para que você abra os olhos em relação às pessoas as quais lidera. Que você enxergue como Jesus que, ao ver Pedro, percebeu que, em verdade, ele não era inconstante. O Senhor sabia que essa não era a verdade sobre ele, mas viu naquele homem a pedra na qual edificaria Sua igreja. Nós também devemos ter essa visão sobre nossos liderados. Eles serão os futuros líderes da nossa geração, aqueles que darão a vida pela causa do Evangelho, que morrerão por ela. São mais do que simples meninos, são futuros reis, aqueles que trarão à nação vitórias que nunca vimos antes. São homens e mulheres que irão trazer o amor e a presença de Deus a todo o mundo.

Diante disso, finalizo este capítulo com a postagem que fiz logo após a reunião naquele 23 de abril de 2019, em Maputo, Moçambique.

deniolarajr
Cidade De Maputo - Moçambique

Você sabe de quem está cuidando?

Na vida, muitos correm o risco de julgar precipitadamente as pessoas. É natural que criemos o estereótipo daquilo que acreditamos e queremos investir. Definimos nossos critérios de personalidade, respostas, e então praticamos a ignorância de tratar as pessoas com base nisso.

Hoje, após uma reunião de líderes aqui em Moçambique, fui tocado por um agradecimento da Amanda, que veio do Malawi. Jesus me disse: "Você não tem ideia de quem está abraçando. Tem ideia da oportunidade de ter essa menina lhe ouvindo?", e eu fiquei constrangido! Hoje eu é quem estava ministrando, mas senti os céus dizendo: "Amanda é maior do que você, e isso se manifestará!".

Quando Deus encontrou Davi, Jessé não sabia de quem estava cuidando, porque seus olhos não podiam ver Davi da forma que Deus o enxergava.

Talvez você não entenda as pessoas que Deus lhe confiou, talvez você não saiba de quem está cuidando, mas lhe afirmo: elas são muito mais especiais do que você imagina, e posso lhe afirmar que são maiores do que você.

É preciso estar sensível, podemos correr o risco de perder a oportunidade. Na história de Davi não se menciona mais Jessé, ele não teve nenhuma relevância na edificação de quem Davi se tornou, especialmente porque não percebeu o presente que possuía!

Não pare de investir em pessoas que Deus lhe mostrou o que são e onde chegarão! Por isso eu pergunto: VOCÊ SABE DE QUEM ESTÁ CUIDANDO?

TAREFA 2

Um novo tempo se inicia em sua liderança. Tudo começa quando você escuta de Deus Suas palavras sobre cada uma das pessoas que Ele lhe deu o privilégio de cuidar, e assim entende o valor inestimável de cada um dos seus liderados.

1. Tire um momento para orar por seus liderados: Tenha um tempo de oração colocando de forma específica cada pessoa que é influenciada por você. Ore pedindo revelação do quanto elas são importantes para Deus.

2. Exponha o valor deles: Eu o encorajo a, antes de ir para próximo capítulo, e depois de um tempo de oração, expor para seus liderados o que o Senhor lhe falou sobre eles. Diga o quanto são valiosos. Pode ser por meio de uma mensagem, de uma ligação, reunião ou um jantar. Como líder, você tem essa responsabilidade.

3 A ARTE DE LIDERAR PESSOAS LIVRES

> Deus não lhe deu liderados para que você tenha a quem cobrar, mas por quem morrer!

No modelo da liderança de Jesus, nos deparamos com um detalhe importante e fundamental: essa liderança não produz pessoas aprisionadas, mas livres. Ele não deixou Sua posição de líder definir Sua identidade, também não fez de Seus discípulos simples aliados para a conquista de um objetivo momentâneo. O relacionamento de Jesus com aqueles homens era profundo. O Mestre estava disposto a morrer por Seus companheiros. Seu alvo era fazer que, após uma caminhada com eles, instruindo-os e orientando-os, se engajassem em seus destinos e cumprissem aquilo para o qual foram criados para fazer. Jesus sabia que o Espírito haveria de ser derramado, e que Ele voltaria ao Pai. Com esse senso de urgência e propósito, o padrão de sucesso de Cristo foi esvaziar-Se por completo, dando tudo quanto tinha pela humanidade.

É visível que, à medida que o vínculo do Mestre com Seus discípulos amadurecia, eles se tornavam cada vez mais livres para irem, construírem seus propósitos e abraçarem seus destinos. A construção dessa relação não acontecia a fim de deixar as pessoas escravizadas, mas livres. Jesus não só permitia que os discípulos fossem desimpedidos, mas Seu estilo de liderança estimulava a liberdade.

É justamente por esse motivo que devemos considerar Jesus nosso modelo de liderança e maior exemplo. Danny Silk aborda esse aspecto em seu livro *Cultura de Honra*:

Thomas Jefferson recebeu o crédito por dizer: "Pessoas livres são mais difíceis de liderar". Isso é exatamente pertinente para os líderes da igreja, porque as pessoas livres são exatamente o grupo que eles foram chamados a liderar. Infelizmente, muitos líderes da igreja não dominaram as dificuldades de liderar pessoas livres. Para liderar pessoas livres, precisamos estabelecer um ambiente para que elas adquiram liberdade e um governo para que elas mantenham essa liberdade.[1]

O exemplo do Mestre nos encoraja a viver em liberdade, seguindo a voz do Pai como orientação para tudo o que somos e faremos em nossas vidas. Jesus não veio apenas propor uma nova mensagem, mas uma nova forma de relacionamento. Quando analisamos o discurso de Jesus, vemos a expressão da graça. Enquanto a mensagem da Antiga Aliança condena quem errou, na Nova, somos perdoados, cobertos pelo sangue de Jesus. O sistema da Lei dizia: "Olho por olho, dente por dente". É por isso que, ao impor aos seus liderados os parâmetros da Lei, criam-se pessoas amedrontadas, escravizadas e cheias de acusação. Mas ao estender graça e mostrar o caminho correto por meio do exemplo, nos propomos a viver e liderar com leveza, reconhecendo o perdão e a restauração de Jesus em nossas vidas, e transmitindo-os para outros.

---

[1] SILK, Danny. **Cultura de honra**: vivendo em uma atmosfera sobrenatural. Brasília: Chara, 2017.

Você lidera por medo ou por amor?

Como existem muitas possibilidades quanto ao estilo de liderança, irei destacar duas: o líder que inspira e o que cria "leis" e faz que as pessoas as obedeçam. É importante ressaltar que o estilo de liderança irá definir com profundidade o que iremos gerar nos outros. Além disso, há uma grande disfunção quando pregamos a mensagem de Jesus e O temos como referência de liderança, mas acreditamos que liderar trata-se simplesmente de impor um conjunto de regras. De acordo com o exemplo do Mestre, um líder constrói um relacionamento com os liderados, e com base nisso os inspira a viver de acordo com a Palavra. Esse processo não deve se dar por acusação ou condenação, mas através do amor e do exemplo.

Precisamos entender que estar em uma posição de autoridade não nos permite dar ordens sobre a vida das pessoas. Cabe a nós a responsabilidade e o cuidado, além de orientação e ensino. Há pouco tempo estive com um pastor que compartilhou comigo o seguinte: "Sinto-me aliviado em poder fazer amizade com outros

> **À medida que o vínculo do Mestre com Seus discípulos amadurecia, eles se tornavam cada vez mais livres para irem, construírem seus propósitos e abraçarem seus destinos.**

pastores. Meu antigo líder me proibia de qualquer contato com pessoas que não fossem da nossa igreja. Passei doze anos recebendo convites para desenvolver o chamado que sinto de Deus para mim, mas ele não me permitia fazer isso!". Um exemplo de como esse líder estava na contramão do que Jesus fazia, porque, além de criar um ambiente de liberdade aos discípulos, Ele era o primeiro a estimulá-los a desenvolverem seus chamados.

Por outro lado, aqueles que têm uma referência de liderança que utiliza medo e controle também cuidarão de pessoas valendo-se dessa perspectiva. Por isso, caso tenhamos vivido esse tipo de situação, é necessário perdoarmos a quem nos feriu dessa forma e receber a cura do Senhor. Porque se carregarmos essas feridas e alguma distorção sobre o que seria uma liderança saudável, acabaremos transmitindo esse modelo para quem nos acompanha.

Infelizmente, a visão a respeito de autoridade na mente de muitas das pessoas está distorcida, porque não conseguem entender que a expressão do amor de Deus é Cristo, Aquele que nos amou a ponto de Se entregar para morrer em nosso lugar e levar sobre Si a acusação que estava sobre nós. Foi esse o nível de amor e sacrifício que Ele deixou como Seu padrão para nós. No entanto, é possível que você já tenha escutado algo assim: "Deus irá pesar a mão. Se você não quiser servi-lO, Ele usará outro". No íntimo, muitas pessoas possuem essa mentalidade de que temos a obrigação de prestar "serviços" para o Senhor, e que, se não fizermos isso, Deus não irá nos fazer prosperar, nem nos protegerá de doenças e maldições. Então passamos a trabalhar para Ele por medo. Assim é que se caracteriza uma liderança pesada, que pune e castiga. E nesse modelo, os liderados costumam estar sempre amedrontados e até mesmo debaixo de escravidão.

Um líder que sufoca os outros certamente está se sentindo sufocado. Um relacionamento disfuncional com Deus nos leva a um relacionamento com as pessoas que também não é sadio. É impossível liderarmos pessoas livres se não encontrarmos liberdade em Cristo primeiramente. Quando isso acontece, somos transformados de acordo com a Verdade de Jesus, e geramos essa transformação nos outros. Já a liderança disfuncional tende a usar o medo de um modo implícito. No entanto, para liderar pessoas a partir de um posicionamento no qual Jesus é o centro não é necessário amedrontar; antes, construímos uma relação saudável e de confiança com nossos liderados. A Bíblia diz que há algo mais poderoso que o medo: o amor.

> No amor não há medo antes o perfeito amor lança fora o medo; porque o medo envolve castigo; e quem tem medo não está aperfeiçoado no amor. (1 João 4.18)

Em outras palavras, ou desenvolvemos um vínculo firmado no amor, ou no medo. Optar pelo caminho do medo não é sadio, e por mais que esse sentimento nem sempre se manifeste explicitamente, ele pode estar presente, porém escondido. O medo pode ser tanto o constrangimento de ser ou falar a verdade, como a omissão, ou estar na falta de liberdade. Ele se revela quando alguém ultrapassa seus limites simplesmente para não contrariar um líder. De forma mais clara, onde há medo, não há liberdade para ser, expressar e falar.

Um exemplo do que estou falando aconteceu há um tempo, em uma de nossas entrevistas do processo de membresia da minha igreja local. Eu me deparei com um casal que veio de uma outra comunidade, e ao entrevistá-los perguntei o motivo pelo qual saíram de lá. Eles me contaram, então lhes indaguei: "Vocês compartilharam essa situação com o líder?". Eles disseram: "Não, nós o amamos muito e o respeitamos, pode ser que ele se sinta ofendido se lhe falarmos isso". Infelizmente, a verdade é que ouvir isso é mais comum do que eu gostaria. Você consegue entender que há um medo disfarçado de respeito e honra permeando as relações entre os membros e a liderança?

No entanto, o próprio Deus não deixou que O seguíssemos por medo e obrigação. Muitos perguntam o motivo pelo qual o Senhor permitiu que o Homem comesse do fruto da Árvore do Conhecimento do Bem e do Mal no Jardim do Éden. Acredito que a principal razão para isso seja o fato de que o Criador escolheu nos fazer livres, pois estava mais interessado em que estivéssemos sempre com Ele por amor, não por obrigação. E essa sábia escolha de Deus pode nos ensinar algo: >

> Antes sozinho, do que com alguém que foi manipulado para estar com você.

Assim, quando construímos um lar saudável, não precisamos de "correntes" para impedir que as pessoas fujam. Como líderes, gastaremos nossa energia em uma das duas coisas: ou levantando "cercas" ou cuidando da nossa "grama", isso é, impedindo que as pessoas tenham liberdade para sair de perto de nós ou preservando o que temos para que elas queiram permanecer conosco.

É bastante clara a diferença entre os líderes que se utilizam de leis, regras, disciplinas e imposições, e aqueles que seguem o exemplo de Jesus, conduzindo com amor, leveza e verdade. O problema é que, ao liderar de acordo com o primeiro modelo citado, acabamos fazendo que aqueles que foram libertos por Cristo sejam aprisionados por nós, e, assim, criamos cercas e mais cercas.

Quem é livre permanece pelo amor

Uma das passagens mais lindas da Bíblia é a resposta de Pedro a Jesus relatada em João 6. Cristo estava diante de um abandono coletivo, em que as pessoas reagiam à Sua mensagem deixando-O, pois consideravam Suas palavras duras demais. Então, Ele perguntou aos discípulos: "Vocês também não querem ir?". Nesse contexto, é importante destacar que ali se tratava do grupo no qual Jesus estava investindo Sua vida, e a resposta de Pedro

> Como líderes, gastaremos nossa energia em uma das duas coisas: ou levantando "cercas" ou cuidando da nossa "grama".

certamente é um consenso de toda equipe, uma vez que nenhum dos doze ousou deixar Jesus: "Para onde iremos? Só Tu tens palavras de vida eterna!".

Para mim, fica claro que Jesus estava dizendo: "Vocês nunca ficarão comigo por obrigação ou medo". Também é interessante o fato de que aqueles que permaneceram com o Senhor diante da "cerca aberta", da liberdade proposta, foram justamente os que estavam sendo treinados diretamente por Ele. O vínculo entre eles era bem profundo: o amor. Mas, sinceramente, ao ver a multidão indo embora, Jesus poderia ter feito como muitos líderes espirituais hoje em dia, que, quando são deixados, liberam uma sentença de maldição sobre as pessoas, profetizam que elas nunca mais serão prósperas e que suas vidas se tornarão uma ruína, que não estão abençoadas para ir embora. Porém, ao contrário disso tudo, Ele "escancara" as portas e mostra que a opção de deixá-lO sempre estaria disponível, mesmo aos Seus discípulos mais próximos. Isso tudo por um único motivo: Jesus não manteria ninguém ao Seu lado por medo ou manipulação.

Mas espere aí, era Jesus! Ele estava certo, aquelas pessoas é que estavam erradas! Ele poderia lançar mão de um sermão que causasse incômodo a elas, mas não o fez. E mais, eu ousaria dizer que essa multidão mais tarde poderia vir a compor a igreja de Atos. Certamente, aquela cena foi constrangedora a cada um que O abandonou, uma vez que era tão grande Seu amor que Ele estava disposto a deixá-las livres para irem embora quando bem quisessem. É possível que, ao sair dali, essas pessoas nunca mais tenham encontrado um ambiente de tanto amor e liberdade, e acredito que a melhor escolha que poderiam fazer seria voltar.

Não estou propondo que você se alegre com as pessoas indo embora, mas que perceba que os discípulos não foram. O motivo pelo qual eles ficaram não foi o medo, mas sim o amor. Entenda que o amor sempre vence, e ele está associado à liberdade. Sempre permanecemos onde nos sentimos amados.

Seria possível que Deus nos tivesse aprisionado de muitas formas. Mas o que Ele fez? Nos conquistou pelo amor! Para alguns, temas como amor e liderança não combinam muito. A visão, os projetos e o pragmatismo se tornaram tão fortes que não sobrou espaço para relacionamento. Você já

> **Sempre permanecemos onde nos sentimos amados.**

> **Você já se perguntou se seus liderados se sentem amados por você? Porque, caso não seja assim, provavelmente, estão se sentindo usados.**

se perguntou se seus liderados se sentem amados por você? Porque, caso não seja assim, provavelmente, estão se sentindo usados.

Assim, um vínculo saudável de liderança envolve generosidade a ponto de continuar entregando tudo pelas pessoas mesmo sem ser retribuído. Um líder maduro é motivado a fazer algo por causa do outro, ele é paterno e não paternalista. O primeiro tipo é doador, enquanto o segundo é egoísta. A liderança paterna é como o que acontece em uma relação saudável entre pai e filho. Eu mesmo pude experimentar isso, porque meu pai me criou da maneira mais altruísta possível. Durante toda a vida, recebi tanto da parte dele, e continuo a receber ainda hoje, que se quisesse começar a "pagar" todo investimento emocional, financeiro e espiritual que me foi dado não seria capaz. Ao ver minha relação com meu pai, fica nítido que terei de trabalhar muito duro para superar o nível de amor depositado em mim, e creio que essa deve ser a melhor maneira para um líder se relacionar com seus liderados.

Acredite, eu sei que podem existir famílias melhores do que a minha, com mais recursos, melhor formação, e até com uma cultura mais ampla. Mas sabe por que nunca imaginei procurar outro lar? Por causo do amor que recebo.

O paternalismo, por sua vez, é um modelo oposto à paternidade. Enquanto neste temos liberdade, aquele é sobre um líder perfeccionista e controlador, que segue cada passo do liderado, impedindo até mesmo que ele erre. No entanto, o alvo desse tipo de relação é egoísta, com foco em atender a seu próprio deleite, expectativa ou ideal. No fundo, o líder superprotetor busca se satisfazer gerando dependência emocional. Mas o amor não estabelece um ambiente de cobranças, e sim de entregas. Perceba que ❯

> ❯ Deus não lhe deu liderados para que você tenha a quem cobrar, mas sim por quem morrer.[2]

Portanto, é por meio desse ambiente saudável de amor e crescimento que nossos discípulos terão o que é necessário para encontrar direcionamento do Senhor para suas vidas. O ponto máximo da liderança deve ser a construção de um relacionamento em que o liderado é desenvolvido para viver seu propósito.

Tempos atrás, conversei com o gestor de uma multinacional que me falou sobre a política que havia

---

[2] COUTO, Erick. **Paternidade x Paternalismo**. Diakonos Assessoria. Disponível em: *http://www.diakonosassessoria.com.br/paternidade-xpaternalismo/*. Acesso em outubro de 2019.

aplicado em sua empresa: todo funcionário que, ao longo do ano, formasse alguém suficientemente competente para assumir seu lugar ganharia um bônus da empresa. Isso exemplifica que até os administradores do meio corporativo entenderam que o melhor caminho não é tentar prender as pessoas a nós, mas vinculá-las ao propósito para o qual foram criadas.

As pessoas de quem cuidamos hoje irão caminhar para seus destinos em algum momento. Mas nós podemos escolher como isso ocorrerá. A forma sadia é através do envio, no momento em que sentimos que o discípulo está pronto para seguir em frente e podemos lançá-lo. É quando abrimos o caminho, pois já lhe ensinamos a andar por conta própria, e agora o convidamos a colocar em prática tudo o que aprendeu.

Foi o que Jesus fez conosco. Na Antiga Aliança, o sacerdote entrava sozinho no Santo dos Santos, enquanto isso, a nação inteira ficava na porta da congregação aguardando sua volta. Ou seja, ele ia a um lugar onde o povo não podia ir. Já no Novo Testamento, Jesus abre um novo e vivo caminho, e nos convida a trilhá-lo com Ele. Cristo nos chama para ir ao lugar onde Ele vai. Assim, também, quando realizamos o envio dos nossos discípulos com maturidade, os instruímos para que cheguem ao mesmo nível de relacionamento com Deus que nós desenvolvemos.

Por outro lado, se enviarmos alguém para um próximo nível rumo ao seu destino de forma desordenada, uma catástrofe pode acontecer. Isso porque a falta de sinergia no processo de desenvolvimento pode fazer que a beleza do envio se torne o horror da divisão. Nesse momento, é preciso termos bem estabelecidas uma paternidade madura e uma filiação com entendimento do amor que recebemos de Deus. Desse modo, conseguimos passar nossa experiência de forma que aqueles que estão sob nossa liderança recebam o DNA, a essência e o coração gerados pelo Senhor em nós. É isso que faz que o legado construído pelo líder permaneça vivo, e o que ele recebeu de Deus continue crescendo.

Quando não se conhece o propósito, o abuso é inevitável.
(MYLES MUNROE)[3]

Nenhum modelo de liderança será funcional se houver controle humano

Eu respeito os modelos de liderança que foram desenvolvidos no decorrer da História da Igreja, até porque sou fruto disso. Mas é importante entendê-los e perceber que seus desvios foram originados por homens que tentaram controlar o que Deus estava fazendo. No

---

[3] Citação de Myles Munroe retirada do artigo de Erick Couto, **Paternidade x Paternalismo**. Disponível em: *http://www.diakonosassessoria.com.br/paternidade-x-paternalismo/*. Acesso em outubro de 2019.

momento em que líderes passam a agir como donos das pessoas, exercem um papel que jamais foram chamados para fazer. Deus não criou os homens para dominar sobre outros homens, mas sobre o restante da criação e sobre as circunstâncias.

> E disse Deus: Façamos o homem à nossa imagem, conforme a nossa semelhança; e domine sobre os peixes do mar, e sobre as aves dos céus, e sobre o gado, e sobre toda a terra, e sobre todo o réptil que se move sobre a terra. (Gênesis 1.26)

De acordo com essa passagem, fica explícito que aquele que quer controle deve cuidar de peixes, criar aves, arar uma lavoura, qualquer coisa, só não pode cuidar de pessoas. Sobre homens, estabelecemos influência, não domínio. Todas as vezes em que tentamos dominar seres humanos, na verdade, estamos abusando de nossa autoridade e rompendo os limites estabelecidos pelo próprio Deus.

O significado da palavra "domínio", de acordo com o Dicionário Aurélio da Língua Portuguesa, é: "capacidade de dominar; poder de controlar, autoridade".[4] Nesse sentido, podemos dizer que o domínio pode ser a imposição da obediência de forma autoritária. Perceba o quão sutilmente essa prática pode

---

[4] DOMÍNIO. In: **DICIONÁRIO Aurélio da Língua Portuguesa**. São Paulo: Positivo, 2014. Disponível em: *https://www.dicio.com.br/dominio/*. Acesso em outubro de 2019.

> **Aquele que quer controle deve cuidar de peixes, criar aves, arar uma lavoura, qualquer coisa, só não pode cuidar de pessoas.**

surgir no contexto de liderança. Entretanto, o nosso modelo perfeito está em Cristo. E para entender se estamos exercendo uma liderança sadia, basta compará-la com Seu exemplo. Um líder que se incomoda com o estilo de Jesus, certamente precisa ter sua perspectiva alinhada: colocá-lO no centro de tudo. O pior tipo de liderança é aquela que se ofende quando confrontada com o modelo de Cristo. Por isso, precisamos também estar abertos a críticas construtivas e dispostos a ajustar nossas diretrizes e ações de acordo com as d'Ele.

Particularmente, fui envolvido em duas grandes ondas do cristianismo no Brasil. Cada uma delas trouxe consigo também seu estilo de liderança característico. Uma delas foi o movimento pentecostal, que deixou marcas bem importantes em nossa história como cristãos brasileiros. Inclusive, foi em uma igreja pentecostal que meus pais foram encontrados por Jesus, na década de 1980. E as histórias que eles relatam são incríveis. Minha mãe viu sua cidade se rendendo a Cristo através de movimentos de oração. Ela diz que o discipulado daquela época era repleto de dons, e que bastava um irmão entrar em uma casa que alguém já tinha uma palavra direta da parte do Senhor para liberar sobre sua vida. A liberdade no Espírito, bem como uma vida de rendição, fez que essas denominações, através de pessoas simples, mas cheias do poder do Espírito Santo, alcançassem cidades e municípios de todo o Brasil.

> O pior tipo de liderança é aquela que se ofende quando confrontada com o modelo de Cristo.

Assim, as denominações pentecostais, que são fruto do avivamento da rua Azusa, plantaram igrejas pelo Brasil como nenhum outro movimento.[5] Além disso, a liberdade no Espírito que experimentamos hoje, que antes era um tabu, tornou-se bem mais comum por causa de muitas dessas pessoas. E mais, a onda do pentecostalismo gerou também muitos outros movimentos independentes em nossa nação, e tudo isso é parte do agir de Deus em nosso meio.

Por outro lado, precisamos considerar o reflexo negativo dessa onda que surgiu no cristianismo no Brasil. Mesmo dentro do que Deus faz, há um grande problema que ocorre no momento em que homem para de depender d'Ele e passa a criar as próprias regras. Em muitos casos, essas igrejas pentecostais acabaram

---

[5] BEKEDORF, Rafael G. **A influência do avivamento da rua Azusa na fundação da Assembleia de Deus no Brasil.** Americana, 2014. Disponível em *bit.do/ffmbL*. Acesso em outubro de 2019.

deixando marcas de uma liderança clerical e impositiva, e os sintomas disso eram facilmente percebidos. Talvez você conheça pessoas que suportaram os usos e costumes oriundos desse modelo, que acabaram em extremos como tomar a liberdade para interferir no tipo de roupa adequado para usarem, quais partes do corpo poderiam depilar e qual programação de TV deveriam assistir. Parte da minha infância foi em um ambiente como esse, em que a televisão era um produto do Diabo; e o terno, muito mais que uma peça de roupa, mas um item com poder de nos justificar. Brincadeiras à parte, além de pessoas extremamente feridas pelo caminho, formaram-se milhares de cristãos altamente religiosos. De maneira concreta, ainda sofremos os reflexos de uma imagem de Jesus distorcida por causa de líderes que estavam sempre prontos a condenar pessoas simplesmente por usarem um brinco, mulheres por se apresentarem de calça em vez de saia longa etc.

Embarcando na ênfase maior do movimento pentecostal, que é a manifestação dos dons do Espírito, vimos, ainda, líderes desequilibrados, com uma tendência a justificar suas imposições com um alto e bom "Deus falou comigo". Nesse contexto, as pessoas se viam na obrigação de se submeter a qualquer coisa, afinal, quem iria contra a voz do Senhor? Dessa forma, não é preciso ir muito longe para ver gente que foi extremamente machucada e ferida por conta de abusos como esses. A disciplina, que biblicamente é uma medida de cura para aquele que está irredutivelmente no pecado, tornou-se uma punição mesclada com exposição, magoando pessoas preciosas e afastando definitivamente aqueles que poderiam ser restaurados por Jesus. A utilização de dons, sem um tratamento de caráter para que sejamos transformados à semelhança de Cristo, gerou pessoas dominadoras. Repare que no meio de algo lindo que Deus faz, a tentativa de controlar os liderados acaba por sufocar Sua ação. No momento em que líderes passam a agir como donos de seres humanos, exercem um papel que jamais foram chamados para executar.

Pude vivenciar, logo após esse mover pentecostal na Igreja, a segunda onda: uma mudança para o movimento de pequenos grupos ou células. Nesse novo modelo, que se iniciou especialmente na Coreia do Sul, vemos que as bases do cristianismo foram mantidas, mas agora a liderança passaria a ser compartilhada. O sacerdócio universal ganhou forma, adolescentes, jovens, mulheres, velhos, todos podiam desenvolver seus ministérios através da função de líderes de pequenos grupos.

Quando essa transição foi iniciada, houve grande resistência por parte daqueles que lideraram o movimento anterior. Os pequenos grupos foram taxados como se fossem uma estratégia diabólica. Inicialmente, muitas congregações sofreram grandes abalos ao tentar aderir àquele novo estilo. O resultado, como sempre, é que a Igreja sobreviveu e começou a experimentar uma nova chuva. Com base nas células, uma onda de salvação em massa foi gerada. Esse modelo veio com estratégias mais claras e organizadas, e os líderes podiam trabalhar com afinco, uma vez que a renovação iniciada com a liberdade do movimento pentecostal agora ganhava forma através da praticidade dos pequenos grupos.

A Igreja ganhou o dinamismo das casas e o fortalecimento do vínculo de discipulado. Agora todos podiam ser acompanhados mais de perto, porque o pastor não precisava mais dar conta sozinho de uma comunidade com mil irmãos; ele passou a trabalhar junto a uma equipe de líderes bem treinados. Havia um plano a ser desenvolvido, com um alvo de crescimento e batismos de modo intencional. Em pouco tempo, um novo convertido tornava-se um líder frutífero, e os reflexos da transformação de Jesus em sua vida eram intensos.

No entanto, também vimos o controle humano corrompendo esse estilo de liderança, e no lugar de um discipulado saudável, muitas pessoas se tornaram peças manipuláveis para seus líderes, que abusavam do fato de manterem um acompanhamento bem próximo dos liderados. Em muitos casos, o discipulado tornou-se uma prestação de contas obrigatória, sem amor ou empatia alguma. A ganância por crescimento fez de alguns líderes quase como chefes, com uma liderança tão enfática em ações do dia a dia que chegou a perder o caráter espiritual – o foco passou a ser no que o discípulo deveria ou não fazer em cada situação.

Mas apesar de todas essas falhas humanas, se voltarmos no tempo e pensarmos sobre os diferentes movimentos cristãos de liderança, perceberemos que, embora o Homem tenha causado alguns desvios em relação ao plano perfeito de Deus, sempre veremos a beleza prevalecendo sobre todos os problemas ao longo da história da Igreja. A análise aqui é historicamente superficial, mas bastante prática. Não é sobre os modelos em si, ou sobre a forma como Deus Se moveu em cada momento, mas em relação ao fato de que a tentativa humana de controlar tudo o que acontece acaba roubando a liberdade das pessoas e do agir de do Senhor.

Talvez você pense que estou criticando os movimentos citados aqui, mas não estou. Na verdade, sou filho deles. Meu questionamento é a respeito daquilo que mata qualquer edificação: a tentativa o homem em manter um controle absoluto. Acredito na beleza de toda edificação genuinamente bíblica, mas quero lhe despertar ao entendimento de que

Logo, poderemos experimentar ainda outras mil ondas do Espírito, e cer-

> ❯ o controle humano sempre foi o responsável por matar a beleza do que Deus está fazendo.

tamente Ele o fará, mas, com convicção, eu digo: todas as vezes que tentarmos controlar as pessoas e o que o Senhor está fazendo, veremos a beleza dando lugar à decadência.

Deus sempre está movendo as coisas

Deus sempre opera com constantes mudanças, e eu, particularmente, creio que Ele faça desse modo para que o Homem nunca esteja no controle. Quando pensamos saber demais, e achamos que "não precisamos mais de Deus", Ele faz algo novo, que nos leva a voltar a depender completamente d'Ele, sempre. Perceba que é o próprio Espírito que muda a maneira como a Igreja irá se mover. Com isso, ressalto que este livro não é sobre a defesa de um modelo específico, mas é sobre a importância de manter a essência que deve impregnar todos as formas de liderar. É óbvio que a essência – o centro, a mensagem – não muda, mas a maneira de aplicá-la está em constante transformação a partir da direção do Espírito, de acordo com o que Deus está realizando sobre cada geração.

> O vento assopra onde quer, e ouves a sua voz, mas não sabes de onde vem, nem para onde vai; assim é todo aquele que é nascido do Espírito. (João 3.8)

Sendo assim, se não estivermos sempre dispostos a aprender algo novo da parte de Deus, teremos uma enorme dificuldade para participar do que Ele está fazendo. Seja sincero, viver o novo nos custa sair da zona de conforto. Por isso, entendemos que nos dispor a mudar para viver o que Deus nos chama a viver é custoso, mas não seguir Seu direcionamento terá um preço ainda maior.

Exemplo disso é que quando nos deparamos com os "cadáveres" dentro das igrejas, ou seja, com as pessoas mortas espiritualmente, e então podemos perceber o tamanho da responsabilidade que está sobre a liderança. Como está escrito em Lucas 12.48b: "A quem muito foi dado, muito será exigido; e a quem muito foi confiado, muito mais será pedido". Isto é, muito foi confiado a nós, líderes, e muito será cobrado. No entanto, se o Senhor nos designou para cuidar de pessoas, a quem Ele tanto ama, é porque confia em nós para fazermos isso de acordo com Sua vontade, dependendo d'Ele. Até porque, se fizermos de outra forma, de acordo com nossas próprias capacidades, iremos falhar.

> **Nos dispor a mudar para viver o que Deus nos chama a viver é custoso, mas não seguir Seu direcionamento terá um preço ainda maior.**

Não é difícil perceber que as feridas das pessoas não estão associadas a um novo convertido, ou somente aos irmãos da igreja, normalmente suas maiores dores estão vinculadas àqueles que as lideraram. Essa é uma estratégia do Diabo: perceba que as maiores marcas de nossas vidas foram geradas por pais, cônjuges, amigos próximos e líderes. Satanás sempre trabalha dessa forma, porque seu objetivo central é ferir a imagem de Deus. Então, ele faz isso manchando a referência de pessoas em quem confiamos e exercem influência e autoridade em nossa vida. O alvo do Diabo diante do erro de um líder é gerar em nós desconfiança sobre o cuidado de Deus.

> O alvo do Diabo diante do erro de um líder é gerar em nós desconfiança sobre o cuidado de Deus.

Dito isso, não tenho como objetivo lhe encher de justiça própria para criticar seus dirigentes, ou gerar em você um coração ofendido. Até porque este livro não é um manual para discípulos ofendidos, mas para pessoas que desejam liderar como Jesus. O Evangelho não é sobre uma liderança ruim que você teve, mas sobre o ótimo líder que você é chamado para ser. Não se trata da rejeição que você sofreu, mas do quanto é aceito e amado por Ele, da capacidade de amar que Deus lhe deu. O foco não está nas marcas que a ausência de um pai lhe causou, mas sobre o excelente pai ou mãe que você pode se tornar.

> **Temos de nos apegar à última direção dada por Deus até o momento em que Ele nos convide a soltar isso e agarrar algo maior.**

Nesse sentido, é imprescindível entendermos a necessidade de abandonar o passado e abrir espaço para as coisas novas que Deus está fazendo. Aonde quer que a nuvem do Senhor nos guie, precisamos estar dispostos a segui-la. Temos de nos apegar à última direção dada por Deus até o momento em que Ele nos convide a soltar isso e agarrar algo maior. É fundamental sabermos abrir mão do nosso conforto e sermos desafiados a reaprender com o Pai. Devemos também guardar os nossos corações a fim de que estejamos sempre atentos à voz do Espírito Santo e a Suas direções, caso contrário podemos não reconhecer onde estamos errando e nos apegar mais às tradições do que à vontade de Deus.

Foi exatamente o que aconteceu em 2 Samuel 6. Nessa passagem, vemos Davi trazendo a Arca da Aliança, o símbolo da presença de Deus, novamente para Israel. Note que, no tempo de Samuel, mantiveram-se os rituais e os sacerdotes, mas a Arca – presença do Senhor – já não estava ali. Esse é um padrão decadente, que acontece quando uma liderança passa a amar mais a tradição e o controle do que a glória divina. Os rituais continuam, mas perdem a vida. O problema não está nas práticas, mas em abandonar a essência.

Um ponto importante a respeito do que Deus opera em cada geração é que, geralmente, seu novo mover vem através de pessoas. Um exemplo disso foi quando o Senhor escolheu Davi para tornar-se o próximo rei de Israel. Sua decisão não foi baseada em aparências ou *status* social, mas de acordo com o que Ele via no coração desse rapaz, sua disposição para seguir fielmente a vontade de Deus. O Senhor sempre levantará alguém em nosso meio, com menos experiência, mais novo e até com menos capacidade. É para esse ponto que a Palavra nos alerta em 1 Coríntios 1.27-29:

> Mas Deus escolheu as coisas loucas do mundo para envergonhar os sábios, e escolheu as coisas fracas do mundo para envergonhar as fortes. Ele escolheu as coisas insignificantes do mundo, as desprezadas e as que nada são, para reduzir a nada as que são, para que ninguém se vanglorie diante dele. (NVI)

Contudo, quando isso acontece, nossa resposta natural é tentar paralisar o que Deus está fazendo, rotular essas pessoas e afastá-las. Coloque-se, por um momento, no lugar de Saul e pense: O que você faria com Davi? Um rapaz mais jovem, que derrubou o gigante Golias e ainda teve seu nome aclamado no arraial. Alguns até se abririam a mudanças, desde que recebessem as orientações diretamente do próprio Deus, mas nosso desafio é entender que Ele nem sempre está na embalagem que queremos.

Agora, imagine esta outra situação semelhante. O que você faria no lugar dos religiosos da época, dos guardiões da Lei e daqueles que aguardavam o Messias? Como lidaria com Jesus, que operava milagres mesmo no sábado e quebrava as tradições judaicas? Esses questionamentos servem para nos mostrar que talvez seja desafiador conseguir enxergar que o novo de Deus pode ser algo incomum, como o Salvador ser, de fato, o filho de um carpinteiro. É comum nos apegarmos ao que é previsível e continuarmos fazendo incansavelmente o que um dia deu certo. Mas a verdade é que a nuvem de Deus está sempre se movendo, e ela não tem o compromisso de nos seguir, somos nós quem devemos segui-la.

> Na hora certa, o Senhor levantará o próximo líder para que haja uma sucessão saudável na obra que Ele está fazendo.

É normal que tenhamos dificuldade para entender que há um vinho novo que necessita de um odre novo. Às vezes, nos apegamos à nossa própria vaidade e construímos um reino particular, no entanto, Deus não divide Sua glória com o homem. Não seríamos capazes de receber a glória que é devida somente a Ele. Na hora certa, o Senhor levantará o próximo líder para que haja uma sucessão saudável na obra que Ele está fazendo. Assim, caso você esteja edificando algo genuinamente bíblico, eu tenho uma notícia para lhe dar: em algum momento, precisará sair do lugar de comando para que outros assumam. Quando se entende isso, é mais fácil tornar-se um canal de liberdade às pessoas. Também fica claro que o ápice de uma liderança é quando os discípulos fazem mais do que o mestre fez, quando fielmente dão continuidade ao legado deixado, mesmo que o líder não esteja mais por perto.

Liderar é tornar-se uma plataforma

> Quando há um relacionamento saudável dentro do ciclo vital, cria-se um sentimento altruísta de se doar, de entrega pessoal. Quanto mais uma pessoa se concentra na própria vida, menos ela se preocupa em doar-se aos outros. Só há uma maneira de os templos permanecerem cheios ao longo das gerações: as igrejas devem viver, morrer e nascer de novo, num ciclo permanente. [...] No fim, a questão não é tanto de prolongar ou perpetuar nossa vida, e sim de promover a vida do próximo.[6]

O sucesso de um líder está em formar pessoas que irão mais longe do que ele. Está no entendimento de

---

[6] MCMANUS, Erwin. **Uma força em movimento**: espiritualidade que transforma a cultura. São Paulo: Garimpo, 2009.

que nosso trabalho não tem a nós como centro, mas Jesus. No momento em que soltamos o controle, nos tornamos uma plataforma para que as pessoas voem mais alto, em vez de derrubá-las. Foi o que Cristo fez com cada um daqueles a quem chamou e escolheu para andar com Ele: acreditou neles, preparou, ensinou e os capacitou para irem pelo mundo pregando as boas novas.

Jesus não recrutou os homens mais relevantes da época para caminharem ao Seu lado. Ao basear a escolha de Sua equipe justamente na simplicidade dos discípulos a quem chamou, é como se Ele estivesse nos perguntando: "Quem pode ser insignificante depois de receber a Mim?". Aqui está a consequência de preparar pessoas para seu destino: os seguidores de Cristo tornaram-se um fruto direto do modelo de Sua liderança. É revolucionário o poder que existe em investir nas pessoas, em utilizarmos tudo o que temos, somos e sabemos para levá-las a um lugar de propósito, cuidado e destino. Ao escolher Seus discípulos, Jesus entendia o fato de que o teto de um bom líder é o piso de seus liderados.

> Na verdade, na verdade vos digo que aquele que crê em mim também fará as obras que eu faço, e as fará maiores do que estas, porque eu vou para meu Pai. (João 14.12)

Não me parece que Jesus estava preocupado em controlar Seus discípulos. Ele não disse: "Estão vendo o que eu fiz? Ninguém jamais conseguirá realizar algo assim!". Nem afirmou: "Olha, só façam o que eu já fiz". O Mestre não está apresentando Seus milagres aos discípulos na expectativa de que eles sigam rigorosamente a mesma estratégia. O ambiente aqui não é carregado de implicações e restrições, mas de liberdade e destravamento de destino. Ali, o próprio Jesus estava dizendo: "Tudo o que fiz é o mínimo que vocês irão fazer". Entende por que Cristo pôde transformar gente comum em pessoas extremamente relevantes? Porque Ele mesmo era relevante, e sabia que

> quando um bom líder chega ao término de sua caminhada, seu ápice é o ponto de partida para seus liderados.

Muito provavelmente cada geração da Igreja enfrentará seus dilemas quanto ao novo de Deus. Por isso, precisa estar atenta para não tentar controlar, mas se apropriar daquilo que o Senhor fez em seu tempo como um ponto de partida para a próxima estação. Além disso, deve estar pronta para liberar o destino de seus sucessores dizendo: "Agora vão, e tudo o que fizemos será o mínimo que vocês farão". É importante ter a consciência de que o novo de Deus nunca destrói o que Ele fez anteriormente, mas dá sequência a isso. Os discípulos não surgiram "do nada", eles eram uma extensão de Jesus, continuaram a partir do que Ele havia feito. Perder a conexão com o que Deus operou anteriormente é desprezar a herança espiritual, e isso nos leva a ter de começar do zero aquilo que Ele já havia iniciado. Por outro lado, quando nós, líderes, nos indispomos a liberar as pessoas, todo nosso trabalho se transforma em um grande desperdício.

Dessa forma, para seguir adiante fazendo o Reino de Deus avançar, de acordo com Sua direção, também é necessário reconhecer que precisamos uns dos outros. O apóstolo Paulo, ao edificar a Igreja, nos mostra a beleza que existe na união de diferentes pessoas únicas, na singularidade de cada membro do Corpo de Cristo. Perceba que Paulo não exaltou as semelhanças, mas as diferenças:

> **Igualmente, o que torna uma equipe forte não são as semelhanças, mas as diferenças.**

> Mas agora Deus colocou os membros no corpo, cada um deles como quis. E, se todos fossem um só membro, onde estaria o corpo? Assim, pois, há muitos membros, mas um corpo. (1 Coríntios 12.18-20)

O que forma um corpo são partes distintas, não vários membros iguais. Igualmente, o que torna uma equipe forte não são as semelhanças, mas as diferenças. E pensar que, por vezes, fazemos justamente o oposto, tentando transformar mão em pé. Perceba que em ambientes onde existem padrões desnecessários para limitar a liberdade e enfraquecer a personalidade das pessoas, o que vemos é algo estranho e disfuncional. Quanto maior a valorização do dom singular do outro, mais forte se torna o coletivo. Paulo é enfático ao dizer que se todos forem o mesmo membro isso não será um corpo! Como se explica então os líderes que só aceitam discípulos que pensam, comem e se vestem igual a eles? Talvez isso funcione para alguma empresa, mas não para as igrejas. Entenda, absorvemos uma série de similaridades, mas a grande questão é que elas precisam ser fruto da espontaneidade, de um coração sincero, e não de uma obrigação. Não sou contra a liberdade de sermos iguais, mas contra a imposição de não podermos ser diferentes.

Portanto, não quero enganar você: é um desafio liderar pessoas livres. Aprender a respeitar as diferenças e caminhar com a consciência de que tudo o que estamos fazendo, no fim, precisa ser transmitido para o outro não é uma tarefa tão simples. Porém, precisamos

> **Não sou contra a liberdade de sermos iguais, mas contra a imposição de não podermos ser diferentes.**

entender, definitivamente, que nada é sobre nós, tudo é para o benefício do Reino de Deus, para Sua glória. A nós cabe a tarefa de construir algo que não irá parar em nós mesmos, mas continuará através das próximas gerações. Se não estivermos dispostos a entregar o legado que está em nossas mãos – no qual a geração anterior também trabalhou – aos novos líderes, estaremos destinados a enterrar tudo o que já foi feito, fadados a edificar uma obra sem brilho e sem a aprovação de Deus.

TAREFA 3

Entenda: ser líder é poder liberar o potencial das pessoas. Você tem uma voz única na vida daqueles a quem Deus colocou sob sua liderança, nunca menospreze isso.

1. Liste suas principais características: Todos nós temos um legado, isto é, Deus nos deu algo que deve ser transferido ou ensinado a outras pessoas. Quais são seus pontos fortes? Quais são os seus dons? O que você faz de melhor? Escreva a respeito disso.

2. Se proponha a transmitir: Compartilhe com as pessoas de quem cuida aquilo que tem recebido de Deus. Deixe claro a elas que tudo o que você recebe tem o objetivo de abençoá-las, assim como um pai, que busca o sustento pensando em investir nos filhos. Demonstre aos seus liderados o que está em seu coração. Estabeleça, a partir de então, acesso aos seus talentos e àquilo que Deus tem lhe dado.

4 DESENVOLVA SUA LIDERANÇA

> Todo talento que não está sendo multiplicado, está sendo desperdiçado!

Lembro-me, como se fosse hoje, do dia em que senti Deus me revelando qual era o Seu chamado para minha vida. Eu estava em um ginásio lotado, com outras 15 mil pessoas, e, naquele dia, Ele me falou sobre a influência, o impacto e a transformação que muitas vidas receberiam através da minha. Eu fiquei visivelmente eufórico e empolgado com tudo aquilo que o Senhor estava compartilhando comigo, e logo pensei: "Vou sair daqui e, na próxima semana, Deus vai me colocar diante de um ginásio como esse, para que eu pregue para milhares de pessoas. Se Ele me falou algo, então já está tudo pronto! Não preciso fazer mais nada!". Nem preciso lhe dizer que o processo de desenvolvimento levou muito mais do que uma semana, e que o fato de Deus ter me falado aquelas coisas não invalidou a necessidade que eu tinha de crescer e amadurecer em muitos aspectos antes de ver aquelas palavras tornarem-se realidade em minha vida.

Quando falamos de liderança e espiritualidade, naturalmente temos uma ideia de que as coisas acontecerão como em um passe de mágica. É comum olharmos para os resultados daquilo que Deus fez na vida de alguém e pensarmos que, talvez, aquela pessoa já esteja muito mais avançada do que nós. No entanto, muitas vezes, não conhecemos a trajetória percorrida por ela até chegar ao lugar em que se encontra hoje. Por esse motivo, é importante termos clareza de que não há fórmulas secretas que fazem com que o crescimento de um líder seja imediato. Não existem atalhos! O dia em que ouvimos o Senhor nos chamando para fazer algo costuma ser um evento marcante para nós. Todavia, esse é apenas o início de um processo que nos capacitará a cumprir o que Ele falou.

Dizer "sim" ao que Deus quer fazer em nossas vidas – o que pode significar liderar pessoas – é um evento, assim como uma cerimônia de casamento, que registra o dia em que os noivos se comprometem um com o outro no altar. Trata-se de uma ocasião marcante e muito feliz. Nesse momento, tudo está lindo, todos estão bem arrumados, a festa está maravilhosa e o ambiente é incrível. Mas o casamento não se resume àquele instante. Depois desse dia, o casal irá para casa, a lua de mel terminará e chegarão os desafios, é aí que começará o processo de construir a vida a dois. Muitos outros eventos acontecerão nessa jornada: a aquisição da casa própria, o nascimento dos filhos, a realização das férias dos sonhos, entre muitos outros. Mas o fato é que a vida a dois não é feita exclusivamente de ocasiões superespeciais, realizações de grandes conquistas. Na maior parte do tempo, estamos mergulhados em processos de construção interna, como desenvolver a forma de falarmos um com o outro, pensar em uma rotina saudável e fluida para todos, entre outras pequenas coisas presentes em nosso dia a dia.

É nesse percurso que vivemos o cotidiano, lidando com as diferenças, aprendendo a perdoar e a se doar cada vez mais. Dessa forma, se dá o crescimento de um casal, caminhando juntos, aproveitando cada pequena conquista e superando as dificuldades. Assim, a cada vez que respondemos aos processos de forma correta, avançamos para novos eventos, ou seja, novos picos.

No entanto, o que acontece é que costumamos amar os eventos, e, por vezes, desprezamos os processos. É incrível, por exemplo, quando chega o tão esperado dia de ganhar o diploma de graduação na faculdade. Ficamos tão empolgados com essa conquista, mas o real desafio está em encarar todo o curso, sem desistir, até o último dia de aula e a última tarefa feita. Também podemos ver isso em outras situações, como a maravilhosa aquisição da casa própria. Porém, a parte difícil é trabalhar milhares de horas para tornar essa conquista possível. Além disso, realmente é lindo ver um filho sendo uma bênção para a sociedade, mas isso foi resultado de anos de investimento em sua educação e no desenvolvimento de seu caráter, além de todo o amor dedicado a ele. Em outras palavras, a conquista por si só pode acontecer quando o processo é respeitado e os desafios, superados.

Eu sei que, logo de cara, pensamos que o grande evento é a melhor parte de todas, e que o processo é algo horrível. Mas é justamente nessa ideia que mora o perigo. É fundamental aprendermos a ver beleza em toda a jornada, pois tanto o momento da exaltação quanto o da construção são igualmente importantes, e

> **Tudo o que você irá se tornar, isto é, o que Deus planejou para sua vida, já está pronto. Ele reservou para você um futuro bom, perfeito e agradável. Entretanto, você precisa se preparar para chegar lá de forma saudável.**

um não seria possível sem o outro. Ou seja, não há eventos que não sejam antecedidos por processos. Tudo o que você irá se tornar, isto é, o que Deus planejou para sua vida, já está pronto. Ele reservou para você um futuro bom, perfeito e agradável. Entretanto, você precisa se preparar para chegar lá de forma saudável. Ele nos ama demais para permitir que vivamos algo que não estamos prontos para sustentar. O Senhor nos conhece por completo e sabe o que podemos suportar e o que iria nos destruir se acontecesse de maneira errada ou no tempo indevido.

Justamente por esse motivo, as fases de crescimento são essenciais, não para que possamos provar para Deus que estamos prontos para receber o que pedimos, e sim porque isso realmente nos leva a desenvolver a maturidade necessária para desfrutar da herança que já temos. Para exemplificar isso, imagine que um pai tenha comprado um carro zero para seu filho, que acabou de completar 18 anos e ainda precisa tirar a carteira de habilitação. O veículo já está pronto, mas o rapaz precisa passar pelo processo de amadurecimento e aprendizado para poder dirigir legalmente. Embora ele não tenha de batalhar para comprar um carro, ainda tem de cursar a autoescola e, assim, aprender a guiar seu automóvel.

O mesmo acontece no desenvolvimento de uma liderança. Quando nos dedicamos aos processos, nos preparamos para viver o que Deus diz sobre nós. Se passarmos por isso permitindo que o Espírito Santo opere em nós, tudo fluirá de forma leve. Portanto, ❯

> ❯ não menospreze as fases de aprendizado, porque elas levarão você a viver os grandes sonhos que o Senhor tem para realizar em sua história.

Aprimore seus dons

Todos nós recebemos do Senhor dons natos, aqueles com os quais já nascemos. No entanto, não devemos tratar de forma passiva aquilo que Ele nos deu. Aqueles que acham que não precisam desenvolver o que têm em mãos, tentando seguir por um caminho mais fácil, acabarão desperdiçando a possibilidade de transformar um simples talento em algo extravagante, como uma liderança de êxito, aquela que realmente reflete Jesus. Seria lamentável nos limitarmos a viver apenas com o que já temos de forma natural, quando deveríamos ir além e multiplicar esses dons a fim de viver o sobrenatural.

Você já reparou na vida dos líderes mais bem-sucedidos em sua função? Não é preciso fazer uma análise muito profunda para descobrir que eles se propuseram a desenvolver e aprimorar tudo quanto receberam de Deus, e ainda trabalham duro para levar sua liderança a novos patamares. Contudo, também acreditamos no poder da Nova Aliança, na mensagem da graça, e que não vivemos por mérito, uma vez que não somos merecedores do sacrifício de Jesus. Sendo assim, talvez você me pergunte: "Se Cristo já fez tudo em meu lugar, por que eu precisaria trabalhar para avançar em minha liderança?". A resposta para isso é bem óbvia e simples: o que Cristo fez nos dá uma herança completa em Deus, mas somente a maturidade nos dará acesso a tudo o que já foi conquistado para nós.

> Digo, pois, que todo o tempo que o herdeiro é menino em nada difere do servo, ainda que seja senhor de tudo; mas está debaixo de tutores e curadores até ao tempo determinado pelo pai. (Gálatas 4.1-2)

Assim, realizar cursos e treinamentos, participar de capacitações e ler sobre o assunto são parte de uma resposta madura ao entendimento de que precisamos crescer e aprender muito para nos tornarmos líderes relevantes.

Um exemplo disso são os líderes que atuam no mercado corporativo. Eles estão sempre desenvolvendo

> **Porém, lamentavelmente, existem muitos líderes cristãos dizendo que, como já receberam um chamado de Deus, estão suficientemente prontos e não precisam aprimorar a forma como lideram. Mas a verdade é que estão simplesmente refugiados em uma zona de conforto, pois é muito mais fácil acomodar-se com o que já está em suas mãos do que trabalhar para crescer.**

novas técnicas e buscando aperfeiçoamento em suas áreas de atuação. Vendedores pensam em como podem ser cada vez mais efetivos, empresários procuram criar soluções que melhoram a vida das pessoas, professores estudam para ensinarem os conteúdos com uma didática mais eficiente. Porém, lamentavelmente, existem muitos líderes cristãos dizendo que, como já receberam um chamado de Deus, estão suficientemente prontos e não precisam aprimorar a forma como lideram. Mas a verdade é que estão simplesmente refugiados em uma zona de conforto, pois é muito mais fácil acomodar-se com o que já está em suas mãos do que trabalhar para crescer.

O apóstolo Paulo, um excelente exemplo de líder, certa vez, disse: "[...] a sua graça para comigo não foi vã, antes trabalhei mais do que todos eles; todavia não eu, mas a graça de Deus, que está comigo" (1 Coríntios

15.10). Com isso, ele estava afirmando que trabalhar não é opor-se à graça de Deus, mas é o resultado direto de quando um líder tem o entendimento do favor que existe sobre ele. Na verdade, quando somos displicentes com aquilo que recebemos, aí sim estamos negando a graça que nos foi dada. Grandes líderes não são gerados por acidente, nem simplesmente frutos da ocasião, mas foram escolhidos por Deus, e Ele mesmo está disposto a supri-los com tudo quanto for necessário para que cumpram seus chamados com excelência. Nunca se esqueça de que a liderança é um papel que deve ser abraçado com responsabilidade.

Muitas vezes, pensamos que ser líder em uma igreja é algo "espiritual demais" para ser desenvolvido com estudo e capacitação técnica. Isso faz com que aceitemos pessoas conduzindo outras sem um preparo profundo e eficiente. É bastante comum separarmos a espiritualidade da racionalidade, de modo que se permite a permanência na zona de conforto, em vez de incentivar-se a dedicação ao crescimento. Contudo, tão espiritual quanto receber e atender ao chamado de Deus é esforçar-se para exercê-lo com excelência.

Isso me faz lembrar que, em uma ocasião, quando ainda era adolescente, um amigo me convidou para ir à igreja que ele frequentava. Quando chegou o momento de adoração, deram oportunidade para uma irmã cantar. O ambiente estava visivelmente desorganizado e não havia liturgia alguma. Então, colocaram um *playback*

> Nós somos vocacionados espiritualmente, mas devemos ser naturalmente comprometidos.

para tocar de fundo, e quando aquela mulher já deveria ter começado a canção, desabou em lágrimas com o microfone em suas mãos, sem cantar uma palavra. Aconteceu um despertar em meio aos irmãos, eles deduziram que ela estava tão tomada pelo Espírito que não conseguia proferir nada. Mas, ao término da música, muito emocionada, aquela senhora disse: "Queridos, me perdoem. Como podem ver, estou bem frustrada! Trouxe o CD errado na bolsa, não era esse o louvor que me preparei para cantar". Quando as pessoas perceberam que tudo não passava de falta de organização, e todo mundo havia sapateado pensando que a irmã estava cheia do Espírito, o resultado foi um clima de completo desânimo. Essa história parece cômica, mas situações parecidas acontecem frequentemente onde há despreparo e falta de compromisso.

Dessa maneira, nós somos vocacionados espiritualmente, mas devemos ser naturalmente comprometidos. Todos os dons, as aptidões e as capacidades que temos, recebemos de Deus. Na verdade, absolutamente tudo vem d'Ele. O simples fato de estar lendo este livro agora envolve uma série de capacidades que o Criador lhe deu: respirar, enxergar com seus olhos, decodificar e interpretar as palavras com seu cérebro, entre outras. Mas se você não tivesse tomado a decisão e se comprometido com estas páginas, não poderia absorver o aprendizado que há nelas.

Portanto, desenvolver seus dons é multiplicá-los! Perceba que, na parábola dos talentos, em Mateus 25, o senhor fica indignado pelo fato de que, em vez de sair e negociar a moeda que recebeu, a fim de multiplicá-la, o servo negligente a enterrou. Assim, também, nossa liderança é a junção de uma série de dons que Deus depositou em nossas mãos, e não os desenvolver é enterrar aquilo que Ele confiou a nós.

> Todo talento que não está sendo multiplicado, está sendo desperdiçado!

Quando o líder cresce, todos crescem

Uma pesquisa americana revelou que 75% dos líderes ministeriais e pastores não se sentem adequadamente preparados para o ministério. Em torno de 50% se julgam incapazes de atender às demandas ministeriais e os outros 50% deixam a função nos primeiros cinco anos.[1] Esses dados nos mostram que nosso maior problema não é espiritual, e sim em

---

[1] Dados retirados do livro de CORDEIRO, Wayne. **Andando com o tanque vazio: encha o tanque e renove a paixão.** São Paulo: Vida, 2011.

questões de desenvolvimento. Grande parte dos líderes sentem-se frustrados e inadequados tão somente porque não trabalham os aspectos naturais, ou práticos, o que reflete diretamente no âmbito espiritual. Depender de Deus não é realizar as coisas de maneira improvisada, mas dar o melhor de si, fazendo tudo quanto estiver ao seu alcance, seguindo a direção que o Senhor lhe dá.

O desejo de servir ao outro com excelência nos levará a aprimorar aquilo que estamos fazendo. Se consideramos as pessoas importantes, entendemos que elas merecem nosso melhor, sempre. Nesse sentido, não podemos nos dar ao luxo de permanecermos estagnados e não nos dedicarmos a uma jornada de crescimento, até porque isso comprometeria não somente a nós mesmos, mas a toda nossa equipe. Por outro lado, como disse Bill Hybels, fundador e ex-pastor sênior da Willow Creek Community Church, "todos ganham quando um líder se torna melhor".[2]

Você consegue perceber que a saúde de um grupo está completamente relacionada à eficácia de sua liderança? Quando um líder muda, tudo se transforma! Devemos nos lembrar de que primeira e mais desafiadora pessoa a ser liderada somos nós mesmos. Por isso, antes de pensarmos no crescimento de outros e de nossas equipes, precisamos levar em consideração nosso próprio aprimoramento. Se observarmos as

---

[2] Fala de Bill Hybels na abertura do Global Leadership Summit, em 2016.

> **Se consideramos as pessoas importantes, entendemos que elas merecem nosso melhor, sempre.**

histórias bíblicas que tratam dos processos de homens e mulheres de Deus, facilmente identificaremos que, antes d'Ele usar alguém para fazer História na Terra, o Senhor sempre trabalha em sua vida. E é assim que somos capacitados para ir a lugares novos, nos quais nunca pisamos antes.

John Maxwell aborda justamente esse aspecto em *O livro de ouro da liderança*, apontando para a importância de liderarmos a partir de nosso exemplo de vida, de forma que sejamos os primeiros a nos aprimorar e a obter conhecimento:

> Quando as aeromoças explicam os procedimentos de emergência antes dos voos dizem aos passageiros para colocar a própria máscara de oxigênio antes de colocar nos filhos, podemos considerar essa orientação egoísta? É claro que não! A segurança e bem-estar das crianças, dependem da capacidade dos pais para cuidar delas. Como líder, você é responsável por sua equipe. As pessoas dependem de você! Caso não esteja em condições de liderar bem, onde sua equipe vai parar?
> Se olhar em volta, verá um padrão funcionando em todas as áreas da vida. Os funcionários melhoram depois que o

supervisor melhora. As crianças melhoram depois de os pais melhorarem. Os estudantes melhoram quando os professores melhoram. Os clientes melhoram conforme os vendedores melhoram. Da mesma maneira, os seguidores melhoram quando os líderes melhoram. Trata-se de um princípio universal.[3]

Eu acredito que o desejo de Deus para nós é levar-nos cada vez mais longe, nos desafiando e esticando, a fim de cumprirmos todos os Seus sonhos para nossas vidas. Porém, ao lidarmos com dificuldades durante esse processo, é importante lembrar que, antes de procurarmos alguém para culpar pelas coisas que não estão indo bem, temos de olhar para nós mesmos, uma vez que somos a referência do grupo. Já estive em contato com muitos líderes que, diante da falta de comprometimento e avanço de suas equipes, não conseguiram perceber que a mudança deveria começar por eles mesmos. Estes diziam: "Essas pessoas não têm compromisso" ou "Não há resultados eficientes por aqui". Entretanto, um líder excelente sempre percebe que, se há um problema em sua equipe, a melhor solução virá com base em seu exemplo.

---

[3] MAXWELL, John. **O livro de ouro da liderança**. São Paulo: Thomas Nelson Brasil, 2014.

Encare o processo

Eu costumo dizer que algumas coisas Deus não nos conta logo quando nos chama. Em verdade, é só uma frase bem-humorada, mas que também carrega um fato: o Senhor nos fala para onde nos levará, mas não nos revela, necessariamente, sobre cada uma das fases que viveremos no trajeto. Isso, porque sabermos aonde chegaremos com Ele nos dá a motivação suficiente para enfrentarmos os processos pelos quais passaremos até lá.

Todo os líderes da Bíblia que receberam uma palavra de Deus também tiveram de crescer antes de contemplarem sua realização. Abraão ouviu do Senhor que seria pai de multidões. Eu arrisco dizer que, logo depois disso, ele quis sair correndo para conseguir o enxoval do seu bebê. Mas, em verdade, a paternidade ainda lhe custaria um processo de crescimento que duraria mais de duas décadas antes da concretização daquela palavra. Outro exemplo é Noé, que ouviu que deveria construir uma arca. Mas, talvez, o que ele não soubesse é que aquele projeto era tão grande que levaria cerca de cem anos para ser finalizado. Foram cem anos de investimento, construção e fé. Um século inteiro escutando a sociedade contrariar aquilo em que ele acreditava, tudo isso para que Noé pudesse crescer. Sabe qual foi o resultado da vida desses homens? Eles se tornaram referências de fé e obediência até os dias de hoje. Por isso, nunca se esqueça de que seu crescimento interior irá produzir um reflexo externo. Enquanto você cria raízes, tenha certeza de que, na hora certa, dará frutos, pois tudo o que é saudável cresce.

Myles Munroe, autor de *best-sellers*, pastor e palestrante, diz o seguinte: "Você sempre recebe de Deus aquilo que você se preparou para receber". Dessa forma, resolver encarar os processos é abrir caminho para que Ele nos dê coisas ainda maiores. A esse respeito, gosto de uma história que fala sobre uma grande seca em uma região rural dos Estados Unidos. Ali havia um povo que dependia da plantação para viver, e a falta de água estava causando grandes prejuízos para eles. O pastor local resolveu se posicionar e marcou um culto de oração para clamar por chuva. No dia dessa reunião, a congregação ficou lotada, mas apenas uma adolescente havia levado seu guarda-chuva. Consegue compreender o quanto nosso posicionamento expõe nosso nível de fé?

Todo aquele povo havia ido para uma reunião de oração para que houvesse chuva, mas somente uma menina estava preparada para quando ela viesse. É exatamente como essa jovem que devemos nos comportar, e não como os outros. Um líder sempre receberá de Deus de acordo com a medida de sua fé! E seu desenvolvimento influenciará todos aqueles a quem ele lidera. Portanto, nosso preparo poderá refletir

> A vida de um líder não pertence mais a ele mesmo.

grandeza ou mediocridade, uma vez que estamos constantemente deixando marcas em tudo aquilo em que colocamos nossas mãos. Todas as nossas escolhas, nossos acertos e erros, tudo isso irá gerar um reflexo em outras vidas. Logo, a vida de um líder não pertence mais a ele mesmo.

Ainda que essa responsabilidade possa parecer grande e assustadora demais, precisamos entender a dimensão do impacto que geramos na vida de nossos liderados, para que façamos tudo de modo diligente. Não estou falando que devemos ser perfeitos, mas temos simplesmente de entender o tamanho da incumbência confiada a nós. Além do mais, até mesmo Jesus passou por processos, e o fez sabendo que Seu exemplo e Suas atitudes em momentos de prova e aprendizado produziriam um reflexo em Seus discípulos. Tanto isso é real que Ele mesmo declarou:

> Em favor deles eu me santifico, para que também eles sejam santificados pela verdade. (João 17.19 – NVI)

Tudo quanto fazemos torna-se uma referência para nossos discípulos! Entender a profundidade desse fato nos leva a liderar com temor e responsabilidade. Mas, além disso, podemos considerar um grande privilégio fazer parte do cumprimento dos propósitos de Deus na Terra, instruindo Seus filhos amados, as pessoas de quem cuidamos.

Torne-se um padrão

Quando pensamos sobre um líder, sempre há uma expectativa de que essa pessoa seja um modelo para as demais, e isso é bíblico. Talvez esse fato preocupe você, pode ser que esse desafio pareça grande demais, mas fique em paz. No momento em que o Senhor coloca você em uma posição de liderança, Ele mesmo lhe dá a capacidade necessária para fazer isso. Se Deus confiou em você para cuidar e amar um determinado grupo, Ele proverá tudo quanto for preciso para que isso aconteça da melhor maneira possível, mas é sua responsabilidade desenvolver o que recebeu do Senhor com excelência. Foi exatamente esse processo de capacitação sobrenatural que Timóteo viveu:

> Ninguém despreze a tua mocidade; mas sê o exemplo dos fiéis, na palavra, no trato, no amor, no espírito, na fé, na pureza. (1 Timóteo 4.12)

Em seu treinamento, Paulo esclarece a Timóteo que, ao assumir a frente do ministério, ele deveria tornar-se o maior exemplo em todos os aspectos de sua vida. A partir disso entendo que, biblicamente, liderar através do exemplo não é uma opção, é a regra. Não se trata de influenciar no que diz respeito aos gostos, às preferências ou aos desejos pessoais de nossos discípulos, mas em relação ao caráter, a um coração e, consequentemente, um comportamento alinhado com o de Jesus. Sempre deixamos algumas marcas nas pessoas e nos ambientes pelos quais passamos, por isso, sempre temos a oportunidade de refletir Cristo com tudo o que somos e fazemos, e, assim, gerar vida.

Portanto, ser cada vez mais parecidos com o Mestre é resultado de um processo de amadurecimento. E todos devemos nos comprometer com isso. E, por meio de nosso exemplo, levar os demais a fazer o mesmo. Nosso crescimento sempre começa em nós, mas nunca irá parar em nós, mas será multiplicado em cada um dos nossos liderados.

> **Liderar através do exemplo não é uma opção, é a regra.**

TAREFA 4

Sua liderança é um patrimônio importante, portanto, requer manutenção e desenvolvimento. É preciso que você se atente a isso, sabendo que os reflexos de seu posicionamento e de suas atitudes não afetarão somente sua vida, mas também a de todos ao seu redor. Tendo isso em mente:

1. Passe a desenvolver sua liderança de maneira intencional. Pense em quais cursos, leituras e palestras você deve investir para multiplicar o talento que está em suas mãos.

2. Avalie seu crescimento. Faça uma lista com pelo menos três dons que Deus colocou em você e, com sinceridade, analise o quanto você tem desenvolvido cada um deles.

5
LIDERANDO ATRAVÉS DO DISCIPULADO

> "O discipulado é uma plataforma viva, na qual o amor pode ser revelado, experimentado e praticado."

Precisamos entender que falar de uma liderança no modelo de Jesus é tratar de discipulado. De um modo geral, esse é Seu método, é o padrão que Ele deixou para praticarmos. Podemos observar isso quando Cristo anuncia a Grande Comissão: "Ide, e fazei discípulos [...]" em Mateus 28.19.

Muito se diz sobre discipulado nas igrejas hoje em dia, e algumas até o praticam. No entanto, vemos uma grande quantidade de distorções e hábitos nocivos às pessoas nesse processo. Por esse motivo, gostaria de revelar minha compreensão e crença sobre o assunto, e apresentar algumas chaves bíblicas de liderança. Para explicar de forma mais clara, irei separar o tema "discipulado" em cinco formas diferentes, de acordo com o que tenho observado:

1. Discipulado inexistente

Há igrejas que simplesmente não se comprometem a discipular seus membros, muito menos têm qualquer disposição para fazer isso. Certamente não entenderam alguma parte da Grande Comissão, ou preferem ignorá-la. E isso acontece porque, dentro da cultura da Igreja brasileira, não é muito comum que se valorize, se estimule ou ensine sobre a necessidade do discipulado em nossas comunidades locais.

Com isso, não quero dizer que precisa haver, necessariamente, um acompanhamento sistemático "um a um", mas que é importante sermos intencionais em checar e gerar crescimento espiritual nos irmãos, seja do prisma de púlpito, em sala de aula ou através de outras ações com esse propósito. Normalmente, igrejas que não fazem isso vivem com uma imensa e descontrolada rotatividade de pessoas. E, justamente por esse motivo, não conseguem tornar-se uma comunidade relevante e construir uma realidade de família, um ambiente no qual os membros convivem, aprendem e crescem juntos.

Considerando esse fato, podemos ter mais clareza quanto à importância desse assunto. Contudo, no que diz respeito às igrejas que realmente não valorizam o discipulado, não podemos afirmar de forma precisa o motivo para isso. Mas imagino que algumas das causas possíveis sejam a falta de revelação a respeito do valor desse tipo relacionamento, ensinado por Jesus, e a inércia que impede muitos de começarem esse processo. Porém, o que Cristo propõe é que as pessoas sejam discipuladas por um mestre. Isso fica claro por meio de Seu exemplo, pois Ele andou com 12 discípulos, desenvolveu com eles uma relação na qual havia amizade, ensino e cuidado.

2. Discipulado mecânico

Esse modelo é o extremo oposto do discipulado inexistente. Trata-se de uma forma de acompanhamento que se utiliza de uma estrutura organizacional que reduz uma relação interpessoal a algo enrijecido e nada inspirador. Mas o maior problema é que, desse modo, não se cumpre o objetivo proposto. Mais que isso, o que se faz é um grande desserviço ao Reino de Deus. Isso, porque geralmente, nesse modelo, há uma necessidade de controle e sistematização de relacionamentos, sentimentos, afinidades e particularidades, coisas que fazem parte das relações humanas e só funcionam de maneira orgânica.

Nenhuma teologia, crença ou sistema deve conter a humanidade e a autenticidade das pessoas. Se tentarem fazer isso, é certo que irão falhar miseravelmente, pois, por mais que um método mecânico funcione durante um tempo, inevitavelmente irá implodir em algum momento. Mas o processo de construção de um relacionamento de discipulado saudável sempre envolve o direcionamento do Espírito Santo e tem como base a Palavra de Deus.

Por se tratar de seres vivos e livres, esse sistema deve funcionar como um organismo. Assim como nosso corpo é um organismo vivo, também é o Corpo de Cristo. Ele não consiste em uma estrutura mecânica, pois, se fosse assim, seria inferior a uma comunidade orgânica, uma vez que o que acontece mecanicamente não tem vida própria ou liberdade.

Assim, em uma estrutura de discipulado supersistematizada e controladora, se produz toda sorte de manipulações, exageros e pressões excessivas. Onde isso acontece, pode até ser que as pessoas se reúnam a fim de fazer uma série de coisas legítimas e bíblicas, em uma tentativa de viver algo saudável, mas enquanto o sistema for mecânico acabará gerando como resultado pessoas frustradas, com aversão ao ambiente de igreja.

3. Discipulado intencional

Enquanto os dois primeiros modelos apontam para algo disfuncional, o discipulado intencional acontece de forma saudável e deveria estar presente em todas as igrejas. Esse método se dá a partir de uma decisão madura, na qual o alvo não é simplesmente que pessoas estejam reunidas nos cultos, mas formar discípulos de Jesus.

Ser intencional no discipulado é fazer que as palavras e as ações da Igreja produzam maturidade, crescimento, autonomia e sacerdócio nos crentes. É importante cuidar para que isso não aconteça de forma tão calculada que se torne algo enrijecido e sistemático, como ocorre no modelo mecânico. Se temos a intenção de realizar um acompanhamento saudável, há um propósito para isso e precisamos concretizá-lo. Por isso, temos de tomar precauções para não deixarmos as coisas no piloto automático, cumprindo nossas obrigações somente para constar que está feito.

No discipulado intencional, o vínculo está baseado em um propósito, ou seja, um mestre e um discípulo se conectam a fim de construírem um aprendizado bíblico com a direção do Espírito Santo. Constitui-se um relacionamento que flui de forma orgânica, mas que tem em vista um objetivo final.

4. Discipulado orgânico

Você sabia que nossas amizades e as relações que temos com pessoas que Deus coloca em nossas vidas formam um tipo de discipulado? É o que chamo de modelo orgânico. Isso ocorre justamente porque, em nossos relacionamentos com amigos, existe confiança, confidência, espontaneidade, compromisso, conflito e crescimento. Nesse sentido, a Palavra nos diz que "Assim como o ferro afia o ferro, o homem afia o seu companheiro" (Provérbios 27.17 – NVI).

Percebe que essas coisas são vitais para nossa construção? Por mais que nossa intenção ao fazer um amigo não seja a de sermos discipulados, esse desenvolvimento – para nós e para os outros – flui naturalmente. Entretanto, também é importante sermos intencionais para manter essas relações de forma construtiva, apesar dos momentos de conflito. Precisamos cuidar para não acreditarmos que todos aqueles com que conversamos uma vez ou outra, ou com quem brincamos eventualmente, são nossos verdadeiros amigos.

5. Discipulado equilibrado

O que considero como ideal é a junção dos modelos intencional e orgânico propostos acima. Eles não são

> **O discipulado intencional não deve ser algo mecânico, e o orgânico não deve acontecer de forma bagunçada.**

contraditórios, mas complementares. Ou seja, eu tenho clareza e revelação de como é importante que as pessoas se tornem como Cristo e cresçam espiritualmente. Também compreendo que a melhor, mais prazerosa e saudável forma para que isso ocorra é organicamente, em um ambiente de família e amizade, sem perder de vista o comprometimento e a seriedade.

Portanto, o discipulado intencional não deve ser algo mecânico, e o orgânico não deve acontecer de forma bagunçada. Uma vez que vimos essas diferentes formas de realizar essa prática, irei apontar alguns aspectos importantes a respeito desse assunto.

Qual é a essência do discipulado?

Para entender a essência do discipulado, teremos, necessariamente, de olhar para as afirmações de Jesus em João 15.9-17:

> Eu os amei como o Pai me amou. Permaneçam no meu amor. Quando vocês obedecem a **meus mandamentos**, permanecem no meu amor, assim como eu obedeço aos mandamentos de meu Pai e permaneço no amor dele. Eu lhes disse estas coisas para que fiquem repletos da minha alegria.

Sim, sua alegria transbordará! Este é **meu mandamento**: Amem uns aos outros como eu amo vocês. Não existe amor maior do que **dar a vida por seus amigos**. Vocês serão meus amigos se fizerem o que eu ordeno. Já não os chamo de escravos, pois o senhor não faz confidências a seus escravos. Agora vocês são meus amigos, pois eu lhes disse tudo que o Pai me disse. Vocês não me escolheram; eu os escolhi. Eu os chamei para irem e produzirem frutos duradouros, para que o Pai lhes dê tudo que pedirem em meu nome. **Este é meu mandamento**: Amem uns aos outros. (João 15.9-17 – NVT – grifo do autor)

Caso você não tenha conseguido meditar profundamente nesses poucos versículos nesta primeira leitura, gostaria que voltasse novamente a esse trecho incrível, permitindo-o mudar, definitivamente, sua maneira de enxergar o discipulado e a liderança. Leia essa passagem considerando que Jesus está falando com Seus amados e preciosos discípulos. Eu lhe garanto que cada palavra desse texto tocará seu coração e aumentará seu desejo de viver essa realidade da maneira como o Senhor planejou.

> No discipulado, temos o ambiente ideal para revelar, experimentar e praticar o amor.

> Afinal, todos nós precisamos de um local para pôr em prática aquilo que aprendemos. É no processo de lidarmos uns com os outros que formamos

e desenvolvemos o caráter de Cristo em nós, e o refletimos em nossas relações com os outros. Além disso, a passagem acima nos mostra claramente que tudo é sustentado, essencialmente, pelo amor.

Instrumento de cuidado

Uma vez que entendemos o amor como a essência do discipulado, precisaremos necessariamente manifestá-lo de forma prática. Para isso, o Senhor zelou para que houvesse a Igreja, um ambiente seguro, que propiciasse cuidado para Seus filhos. Assim, o acompanhamento de discípulos tem como objetivo buscar ver de perto a realidade de cada um, a fim de ajudá-los e lhes oferecer o que necessitam. Cuidar de pessoas não significa simplesmente passar um tempo com elas ou lhes satisfazer as vontades, e sim conhecê-las de verdade, a ponto de oferecer o suporte específico de acordo com o que precisam em cada situação.

Existem momentos certos para encorajar, ensinar e outros para inspirar. Há horas em que precisamos simplesmente orar por alguém, outras vezes, apenas o fato de estarmos ao lado da pessoa, em silêncio e escutando, é exatamente o que ela necessitava. E essa importância de haver discipulado como instrumento de cuidado pode ser vista no contexto de orfandade mencionado por Jesus, em João 14.18:

Não vos deixarei órfãos; voltarei para vós.

Na cultura judaica, vemos que, após a morte de um rabino, seus discípulos eram considerados órfãos, pois ficavam tão parecidos com seu mestre que nenhum outro rabino poderia ou tinha vontade de adotá-los. Foi nesse contexto que Jesus disse "não vos deixarei órfãos" e afirmou que mandaria o Espírito de Deus.

Portanto, o Espírito Santo é a resposta a esse medo, ou sentimento de abandono e rejeição. Já o acompanhamento com líderes pode nos ajudar a entender de qual forma Ele poderá suprir isso em nós. Em outras palavras, Jesus estava dizendo: "Não se preocupem, o discipulado não será interrompido quando Eu voltar ao Pai, pois continuará através do Espírito Santo". Em razão disso, eu não acredito que uma igreja na qual não há mentoreamento e cuidado seja saudável. Por mais que afirmem estar cheias do Espírito, é muito provável que muitos de seus membros se sintam ou se comportem como órfãos.

O motivo do discipulado

> Portanto ide, fazei discípulos de todas as nações, **batizando-os** em nome do Pai, e do Filho, e do Espírito Santo; **Ensinando-os a guardar** todas as coisas que eu vos tenho mandado; e eis que eu estou convosco todos os dias, até a consumação dos séculos. Amém. (Mateus 28.19-20 – grifo do autor)

No texto de Mateus 28, podemos enxergar duas coisas fundamentais no processo de cumprir a Grande Comissão que Jesus nos deixou: **batizar**, que é a culminância do evangelismo bem-sucedido; e **ensinar a guardar**, que diz respeito justamente ao discipulado, no qual o alvo não é simplesmente que a pessoa entenda o que foi dito, mas que torne-se praticante da Palavra.

Sabemos que é impossível "**ensinar a guardar todas as coisas**" em uma sala de aula, em um templo religioso, ou até mesmo em meio às multidões reunidas ouvindo uma pregação. Esse trabalho só é possível quando se está com a pessoa no dia a dia, quando ela coloca em prática aquilo que ouviu e recebeu como teoria. Logo, Jesus não Se dispõe a nos capacitar e respaldar somente para pregarmos o Evangelho aos perdidos, ou a realizar milagres e orientar as pessoas no processo de conversão. Ele também nos dá compaixão e sabedoria para cuidar dos cristãos que estão sendo discipulados.

Portanto, o discipulado é a plataforma viva onde o amor pode ser compreendido, vivenciado e colocado em prática com outras pessoas. Pois é nesse contexto, quando estamos conectados com alguém, manifestando a vida de Cristo em nós, que podemos viver o amor e exercer o que aprendemos sobre ele.

Manifestar o amor no dia a dia dos nossos discípulos é fundamental, uma vez que habitamos um mundo de pessoas invisíveis, ou seja, onde muitos ainda não

> **Se o evangelismo e a ação solidária são a resposta e a utilidade da Igreja para mundo, o discipulado é solução da Igreja para o cristão.**

encontraram sua verdadeira identidade de acordo com o plano de Deus. Por isso, é tão significativo pregarmos sobre a importância de ser, ou seja, nos tornarmos quem o Pai nos criou para ser, e isso demanda o exercício de um olhar individualizado a cada um. Assim, cremos em Deus, mas o experimentamos através da Igreja. Se o evangelismo e a ação solidária são a resposta e a utilidade da Igreja para mundo, o discipulado é solução da Igreja para o cristão.

A lógica do discipulado

No que diz respeito ao líder que se dedica a discipular alguém, Paulo deixou uma recomendação clara em uma das cartas que escreveu a Timóteo: "E o que de mim, entre muitas testemunhas, ouviste, confia-o a homens fiéis, que sejam idôneos para também ensinarem os outros" (2 Timóteo 2.2). Em outras palavras: "Ensine pessoas que estão dispostas a ensinar a outras!". Essa é a incrível lógica do discipulado, o que é muito funcional e prático. Nesse texto, vemos claramente a instrução de passarmos nosso conhecimento a quem também está disposto a dedicar-se aos outros.

Muitos pensam que a retribuição do discipulado é ver as pessoas que cuidamos nos honrando, presenteando e nos colocando no centro de suas vidas. Tudo isso em nome de uma gratidão forçada e sintética,

> A recompensa do discipulado é podermos fazer por alguém o que fizeram por nós.

como se todo investimento que fizemos neles tivesse gerado uma dívida. Isso é um grande engano, pois, na verdade, a recompensa do discipulado é podermos fazer por alguém o que fizeram por nós.

Obviamente, o carinho e a honra que costumam existir entre mestres e discípulos podem ser extremamente legítimos e saudáveis. Mas existe um grande problema quando esse é o parâmetro que se usa para medir quão bem o discípulo tem se desenvolvido. Devemos considerar o seguinte: para que a qualidade do cuidado e do amor cheguem a toda a Igreja, eu preciso identificar aqueles que estão aptos e disponíveis a fazer por outros aquilo que é feito por eles.

A base do discipulado

Cristo é a base do discipulado. Na prática, Ele Se torna o fundamento da nossa liderança e o modelo a ser seguido em todos os aspectos das nossas vidas, assim como de nossos liderados. O discipulado não é um sistema de conformidade, mas um processo de despertamento do potencial criativo de cada pessoa. É necessário entender que nosso alvo não é ensinar as pessoas a tornarem-se como nós, mas iguais a Jesus. Através do compartilhamento da Palavra e de nossas experiências, amor e aprendizado, devemos sempre apontar para Ele, sendo um canal do amor de Deus para conduzir nossos discípulos a Cristo. Por outro lado, eles tornam-se disponíveis para receber uma herança espiritual de alguém que expressa a vida do Mestre, passam a ter um referencial próximo e são inspirados a crescer em intimidade e amor com Deus.

Uma das formas mais eficientes de sermos inspirados a andar com o Senhor é estarmos próximos a pessoas que caminham com Ele. Tanto no Antigo quanto no Novo Testamento vemos o Mestre utilizando o discipulado para o aperfeiçoamento dos homens. É através desse vínculo, feito de forma madura e sadia, que conhecemos mais sobre quem é Jesus. Vê-lO por meio da vida de outra pessoa é uma maneira prática de sermos despertados a uma mudança de vida, de modo orgânico e simples. Isso não significa que o exemplo será perfeito, uma vez que não é o próprio Jesus, mas

> **O discipulado não é um sistema de conformidade, mas um processo de despertamento do potencial criativo de cada pessoa.**

que, apesar de suas falhas, procura constantemente ser como Ele. ❯

> ❯ Deus espera que você consiga aprender com as pessoas a respeito daquilo que Ele já ensinou a elas.

Logo, sermos discípulos de Jesus também envolve sermos acompanhados por alguém em quem conseguimos vê-lO. Por isso, eu amo a história que trata do encontro de Saulo com Cristo a caminho de Damasco, relatada em Atos 9:

> E Saulo levantou-se da terra, e, abrindo os olhos, não via a ninguém. E, guiando-o pela mão, o conduziram a Damasco. E esteve três dias sem ver, e não comeu nem bebeu. (Atos 9.8-9)

> E Ananias foi, e entrou na casa e, impondo-lhe as mãos, disse: Irmão Saulo, o Senhor Jesus, que te apareceu no caminho por onde vinhas, me enviou, para que tornes a ver e sejas cheio do Espírito Santo. E logo lhe caíram dos olhos como que umas escamas, e recuperou a vista; e, levantando-se, foi batizado. (Atos 9.17-18)

A Bíblia conta a história de Saulo com aquela luz que o fez ficar cego. O próprio Deus poderia tê-lo curado naquele momento, e ele voltaria a ver, mas se fosse assim, a experiência teria sido incompleta. Há beleza em como o Senhor se manifesta para nós através de outras pessoas, e foi isso o que aconteceu na vida de Saulo. Ele entrou na cidade e foi encontrado por um Ananias, a primeira pessoa que decidiu dedicar-se a instruí-lo em sua vida cristã.

Assim, sendo Cristo a base do discipulado, quando esse vínculo se torna funcional, podemos ver Jesus refletido através da vida de um líder. É incrível como há beleza em uma relação desse tipo. Ao ser como o Mestre para nossos liderados, revelaremos a glória de Deus, e é justamente para isso que fomos chamados: ser como Jesus e refletir quem Ele é. Foi dessa forma que o apóstolo Paulo fez, ele instruía seus discípulos para que o copiassem nos aspectos de sua vida nos quais podiam ver Cristo, do mesmo modo que ele viu o Salvador na atitude e nas palavras de Ananias.

> Ao compartilhar do seu estilo de vida com seus discípulos, você deve sempre mostrar Cristo.

Em síntese, ao compartilhar do seu estilo de vida com seus discípulos, você deve sempre mostrar Cristo. No discipulado, damos liberdade a quem reconhecemos como espiritualmente maduro para nos ajudar a desenvolver áreas de nossas vidas que ainda não foram transformadas à imagem de Jesus.

O crescimento através do discipulado

O discipulado foi o instrumento de crescimento utilizado pelo Mestre para treinar e capacitar Seus seguidores. Todo desenvolvimento dos discípulos e aquilo que absorveram de Jesus foi através desse vínculo. É por esse motivo que discipular pessoas não se trata de uma estratégia criada pela Igreja, é a forma bíblica de liderança e transmissão de conhecimentos.

Por outro lado, imagine que frustrante seria caminhar com pessoas preciosas, que têm tanto de Jesus a nos passar, sem conseguir absorver isso. Por isso, quero lhe sugerir algumas dicas para que você desfrute desses relacionamentos e absorva a totalidade daquilo que podem lhe transmitir:

1. Permita um olhar de fora para dentro

Abrir-se para um líder no processo de discipulado é um passo obrigatório biblicamente falando, além de ser a melhor forma de crescer espiritualmente. Acredito que, na vida, sempre temos duas perspectivas possíveis: de dentro para fora e de fora para dentro. A primeira diz respeito à nossa visão sobre nós mesmos; e a segunda é como os outros nos enxergam. É curioso o fato de que, no corpo humano, os olhos têm capacidade de ver o outro por completo, mas só podemos enxergar a nós mesmos de maneira limitada.

Repare em como, muitas vezes, algo simples pode produzir um constrangimento enorme. Você já deve ter provado da triste experiência de ter uma alface grudada nos dentes depois de almoçar. O pior é quando se passa a tarde inteira com aquela verdura onde não deveria estar, e somente no fim do dia, diante do espelho, percebe que aquilo ficou ali por horas. Você sorriu para as pessoas, que provavelmente viram seus dentes sujos, e nem percebeu.

O problema foi que ninguém se sentiu com liberdade para lhe falar isso. Mas não teria sido melhor ter alguém para avisar sobre aquela sujeira, que você mesmo não conseguia enxergar? O exemplo pode parecer bobo, mas entenda que dificilmente conseguiremos nos ver por completo, e é por isso que é tão importante permitirmos que outras pessoas, em quem confiamos muito, compartilhem a respeito da visão que têm sobre nossas vidas. Essa segunda perspectiva, de fora para dentro, só pode ser exercida por outros olhos, por outras pessoas.

Você precisará ser cuidado, treinado, instruído, repreendido e apascentado por alguém. E para isso, tem de estar aberto e disponível. Muitas pessoas gastam tempo demais com barreiras em relação a seus líderes, e isso dificulta bastante seu processo de crescimento, o que as impede de progredir. É muito fácil chamar alguém de líder, mas o desafio está em dar liberdade para que essa pessoa realmente possa nos liderar.

> **É muito fácil chamar alguém de líder, mas o desafio está em dar liberdade para que essa pessoa realmente possa nos liderar.**

Quando nos abrimos dessa maneira para que alguém, com uma visão de fora, compartilhe algo sobre nossas vidas, certamente alcançamos um avanço espiritual. Isso, porque a visão que temos de nós mesmos é diferente da que as pessoas percebem a nosso respeito. Para uma vida cristã saudável, é necessário que tenhamos esses dois prismas. E isso não funciona só para problemas que temos de resolver, um olhar externo também nos aponta para avanços que podemos alcançar, mas que não havíamos percebido antes.

2. Compartilhe sua vida

Jesus desenvolveu um grupo de discipulado com 12 homens. Ele os tirou do nível do contato apenas em reuniões cheias e os inseriu em Sua vida, não em uma sala de aula, mas trazendo-os para aprender com Seus passos todos os dias. Ter um contato formal com seus liderados não gera a profundidade necessária para ajudá-los na formação do caráter de Cristo neles. É por isso que o discipulado tem de ser realizado no dia a dia. É no partir do pão, nos momentos de comunhão, diante das nossas reações em situações cotidianas que lhes ensinaremos a avançar e amadurecer. Tendo alguém mais experiente em nossa rotina, que conhece e acompanha nossos desafios diários, somos inspirados a progredir, mesmo diante de situações que parecem impossíveis.

Exemplo disso é que, em diversas vezes, me senti desmotivado diante de circunstâncias difíceis, perdido em aparentes fracassos, frustrado na tentativa de que situações impossíveis fossem transformadas. Nesse contexto, a opção que parecia fazer mais sentido era desistir, colocar a culpa em alguém e entregar os pontos. Provei de muitos momentos como esses, mas ter alguém próximo a mim, que simplesmente me mostrou Cristo, fez com que meu coração fosse guardado de escolhas erradas.

O dia a dia com alguém que expressa quem é Jesus nos instiga a crescer. Afinal, nos mostra que é possível caminharmos no mesmo nível de desejo e fome pela glória de Deus. Mas é necessário que a convivência com essa pessoa aconteça de modo regular, no dia a dia, para que ela consiga expressar o caráter de Cristo e Sua glória até nas pequenas coisas. Obviamente, a multidão não experimentou o que os discípulos puderam acessar; e Pedro, Tiago e João, que eram mais próximos, certamente

> **O poder para vencer grandes pecados está em compartilhar pequenas tentações.**

vivenciaram algo mais profundo com o Mestre do que todos os outros.

No entanto, será que Seus três amigos mais chegados tiveram um acesso diferenciado porque, simplesmente, Jesus tinha algum favoritismo em relação a eles? Obviamente não. A realidade aqui é inversa: todos podiam acessá-lO na medida em que desejassem, a multidão tinha a proximidade pela qual ansiava, assim como os demais. Isso aponta para algo interessante no ambiente de discipulado: conseguiremos o tanto desse vínculo quanto estivermos dispostos a nos entregar a ele e a valorizá-lo.

3. Cresça em transparência

Algumas pessoas já entenderam que o poder para vencer grandes pecados está em compartilhar pequenas tentações. Existem conflitos dentro de nós, como impulsos, vontades e crises interiores. Contudo, a religiosidade nos leva a querer esconder nossos desafios pessoais e fingir que eles não existem, até que se chega a um ponto insustentável.

É claro que não iremos compartilhar nosso coração, muito menos nossas dificuldades e desafios com pessoas nas quais não confiamos. Por isso, é importante sermos e desenvolvermos líderes confiáveis, que possam trazer uma palavra de Deus – e não só sua opinião pessoal ou qualquer tipo de julgamento – para quem procura ajuda. Um ambiente de culto, ou uma reunião com muitos irmãos, não é o local adequado para fazer isso. Mas, em toda comunidade local, deve haver um âmbito reservado para o discipulado. Na falta disso, pessoas acabam vivendo em pecado, e muitos abrem mão de seus chamados ou não conseguem entendê-lo, justamente por estarem perdidos, em uma vida de derrota.

A Bíblia nos convida a compartilhar sobre o que está em nosso coração, sendo esse o único meio para que haja cura. E de que modo teríamos uma oportunidade para fazer isso senão no discipulado?

> Confessai as vossas culpas uns aos outros, e orai uns pelos outros, para que sareis. A oração feita por um justo pode muito em seus efeitos. (Tiago 5.16)

Há cura sendo liberada quando somos transparentes e compartilhamos nossas fraquezas e dificuldades. Se, por um lado, o líder deve ser vulnerável diante de sua equipe, os liderados precisam entender que, no vínculo de discipulado, poderá haver qualquer tipo de restauração, se estiverem dispostos a abrirem o coração.

4. Deseje receber a herança

A Bíblia nos conta que Josué recebeu uma herança espiritual de Moisés; Eliseu, de Elias; Timóteo, de Paulo; e os discípulos a obtiveram de Jesus. Ou seja, nós recebemos a unção que valorizamos! Deus coloca pessoas maduras para nos acompanhar com a finalidade de que elas nos transmitam uma herança espiritual. Muitas vezes, aquilo que Ele quer nos dar virá através daqueles ao nosso redor, e precisamos absorver deles.

Assim como um pai deseja dar o melhor de si aos filhos, com o anseio de que eles possam ir além dele mesmo, também deve ser o discipulado. E é nosso papel criar esse ambiente, onde o mais maduro deseja levar seu aprendiz a níveis maiores do que ele. A herança é transferida através da honra, e nesse acompanhamento temos a oportunidade de honrar um irmão, nosso líder. É uma via de mão dupla, enquanto o discípulo é servido, também se dispõe a servir a seu mestre.

Portanto, liberte-se de todo desequilíbrio sobre o discipulado, seja por ter vivido ou ouvido falar algo disfuncional a respeito disso. O Evangelho saudável é aquele no qual você inclui pessoas maduras em sua vida, que o ajudam a crescer no temor ao Senhor e em amor pela prática da Sua palavra. Tenha referências espirituais em sua trajetória, mas não espere que eles sejam perfeitos. Lembre-se de que homens de Deus não deixam de ser humanos, e, em algum momento, irão

> **Nós recebemos a unção que valorizamos!**

falhar. Mas certamente terão muito a acrescentar em seu aprendizado e poderão ajudar você a alcançar novos níveis com Cristo.

TAREFA 5

É necessário que todo líder esteja envolvido em um vínculo de discipulado. O ambiente mais perigoso em que poderíamos estar é aquele no qual não precisamos prestar contas de nossas vidas a ninguém. Participar disso nos ajudará não apenas a começar bem, mas a terminar bem. Sendo assim, pense sobre as perguntas abaixo:

1. Você é discipulado por alguém? Não se trata de simplesmente ter um líder, mas de estar experimentando uma conexão espiritual através desse tipo de relacionamento. Caso veja necessidade de reparos, esse é o momento oportuno de fazê-los.

2. Qual tipo de discipulado você tem transmitido às pessoas? Inexistente, mecânico, intencional ou orgânico? Volte ao início do capítulo e medite um pouco sobre isso. Pontue mudanças para que você transfira aos seus liderados, algo intencional e orgânico.

6 UM AMBIENTE SAUDÁVEL

> "Liderar é algo realmente desafiador, mas é possível fazer isso de forma mais leve, confiando n'Aquele que nos chama e capacita."

Todo ser humano é capaz de captar, pelo menos minimamente, a atmosfera dos ambientes. É por esse motivo que não vamos ao shopping de pijama, nem dormimos de terno. Temos a liberdade de conversar e discutir ideias enquanto estamos à mesa com nossa família, mas jamais interromperemos um pregador enquanto ele expõe a Palavra. Falamos o que pensamos para quem temos confiança, mas não podemos fazer o mesmo com estranhos. Sendo assim, a atmosfera que criamos, e na qual nos envolvemos, determinará significativamente o nível de liberdade que cada um terá ao nosso redor. A cultura de um ambiente é algo que não precisa ser dito, mas pode ser sentido. Desse modo, cabe à liderança zelar por um meio que propicie crescimento às pessoas.

É inegável o poder que o ambiente tem para proporcionar desenvolvimento ou bloqueá-lo. Já percebeu que há locais onde é notável o quanto todos os membros de uma equipe são de alto nível? Quando presencio isso, o sentimento que tenho é: "Como conseguiram reunir tantas pessoas talentosas em um só lugar?". Mas há casos em que o inverso também se mostra verdadeiro. Logo, é perceptível que a cultura estabelecida sempre indicará às pessoas sobre o quanto elas poderão crescer ali. Há ambientes que são como uma incubadora de grandes líderes, em que existem diversos projetos criativos e ideias revolucionárias. E é sobre como gerar e manter esses meios que falaremos neste capítulo.

Ambientes saudáveis são construídos

Infelizmente, quando pensamos na liderança ministerial, para a maioria de nós, o clima é de pesar, e muitos a praticam apenas por imposição. Em alguns lugares, se substitui o prazer que existe em viver no centro da vontade de Deus pela necessidade de cumprir com uma obrigação, o que consome quem está ali. No entanto, liderar e cooperar para a edificação do Reino de Deus não é um castigo, e sim um privilégio. A forma de envolver as pessoas, a fim de levá-las à plenitude de seus potenciais, nunca pode ser estabelecida debaixo de um ambiente contrário aos valores do Reino, que são baseados em justiça, paz e alegria.

Certa vez, fui visitar uma igreja em minha cidade, era um domingo de manhã, e não haveria reunião em minha comunidade local. Tratava-se de uma congregação grande, e o pastor era bem jovem. O tema de sua mensagem foi: "As dificuldades da vida de um pastor". Toda explanação teve como base os sofrimentos que os homens de Deus enfrentaram em suas jornadas, deixando implícito que o ministério está cheio de obstáculos, e que liderar na igreja é a pior coisa que alguém poderia fazer em sua vida. Não preciso nem dizer o quanto o resultado de uma

> Liderar e cooperar para a edificação do Reino de Deus não é um castigo, e sim um privilégio.

mensagem como essa é catastrófico. Transmitir uma mentalidade dessas produz peso e destrói a alegria dos ouvintes, além de gerar frustração nos líderes e falta de encorajamento na comunidade local. Não estou sugerindo que não haja desafios no exercício da liderança, entretanto, ao ouvir uma pregação assim, qualquer um se sente desanimado. Brincadeiras à parte, depois daquele sermão, quase pensei em desistir de ser pastor.

Quem gostaria de ser líder em uma igreja que prega algo assim? Eu não me candidataria! O mais triste dessa história é que esse tipo de cultura é estabelecida em muitos locais, nos quais as pessoas acham que servir a Deus resultará em uma vida infeliz e difícil. É triste, mas existem vários grupos que vivem sob essa perspectiva. Portanto, precisamos garantir que nossas equipes conheçam as verdades celestiais sobre a vida ministerial, especialmente, entre os líderes. Isso, porque liderar é algo bastante desafiador, mas é possível fazê-lo de forma mais leve, confiando n'Aquele que nos chama e capacita. Não podemos depender das nossas próprias forças para cumprir Seu chamado para nós.

É exatamente dessa maneira, em obediência ao Senhor, dando cada passo de acordo com Sua direção, que seremos capazes de criar um meio saudável para nossos liderados. Esse lugar é consequência de uma construção inteligente, onde o líder zela pelos detalhes, pelas práticas, pela teologia e cada aspecto presente

> **Liderar é algo bastante desafiador, mas é possível fazê-lo de forma mais leve, confiando n'Aquele que nos chama e capacita.**

ali. Cuidar do ambiente também é uma forma de cuidar das pessoas. Por esse motivo, irei tratar de alguns valores necessários para que a atmosfera criada por você, como líder, seja agradável:

1. Divirta-se!

Foi o próprio Jesus quem disse que o Reino é para aqueles que se tornassem como crianças. Você já reparou que os pequeninos têm o potencial de transformar tudo em uma grande diversão? Se deixarmos um grupo de crianças com apenas algumas almofadas em casa, quando voltarmos, elas terão criado uma série de brincadeiras a partir de simples objetos. Da mesma maneira, sentir-nos alegres com aquilo que fazemos produzirá um ambiente de leveza e satisfação, ainda que os desafios também estejam presentes.

> Ninguém faz um bom trabalho se se sente em luta, fatigado ou tenso quanto a ele. O método adequado é "tranquilidade que traz resultados". A pessoa que trabalha com mais tranquilidade produz mais e em menos tempo, e seu trabalho mostra sua capacidade.[1]

---

[1] PEALE, Dr. Norman Vincent. **Sucesso sem limites**. Rio de Janeiro: Record, 1996.

Quando trabalhamos de maneira suave e divertida, produzimos nas pessoas esse mesmo sentimento. Acredite: desse modo, o que fazemos flui com resultados muito melhores. Ou seja, realizar suas tarefas com prazer é uma chave essencial para que a excelência seja desenvolvida e o ambiente seja cheio de alegria.

No entanto, se encaramos nossa atuação ministerial simplesmente como uma obrigação, invalidamos a perspectiva de que somos irmãos em Cristo e fazemos parte da família de Deus. Em verdade, já ouvi líderes dizerem: "Estamos aqui simplesmente por um propósito". É claro que essa afirmação traz uma verdade, mas também é fato que

> Se não conseguimos encontrar prazer naquilo que fazemos, teremos como consequência a beleza do nosso trabalho roubada.

Outro dia, no horário de almoço, passava pela área administrativa do prédio da minha igreja. No meio do caminho, encontrei uma bolinha (possivelmente esquecida por algum voluntário do ministério infantil). No momento em que passei por ela, um dos membros da equipe chutou a bola, que rolou por debaixo das minhas pernas. Aqueles que jogaram bola na rua quando eram crianças se lembrarão que, quando isso acontece, chamamos de "rolinho". Todos começaram a brincar comigo, rindo e gritando, porque eu tinha levado o famoso "rolinho".

Naquela hora comecei a brincar com ele, na tentativa de reverter a situação e fazer um "rolinho" nele também. Outros membros da equipe foram chegando, e o ambiente de diversão contagiou a todos. O jogo deve ter se estendido por quase todo o período de almoço. Perceba que, ao ver uma oportunidade de criar uma brincadeira, eu prontamente fiz isso. Logo, os demais que passavam, vendo como a atmosfera estava divertida, também decidiram participar.

Essa história é um exemplo do quanto prezo por manter a leveza entre minha equipe. Uma pergunta recorrente que recebo é: "Como fazer com que as pessoas queiram liderar ou se envolver no ministério?". E minha resposta sempre é a mesma: "Torne o ambiente divertido e agradável, que automaticamente elas participarão!". Eu acredito que todo ser humano nasceu para um propósito, e só haverá plenitude de satisfação quando a pessoa o encontra. Logo, o fato de utilizarmos nosso potencial totalmente para o Reino é algo que deve nos encher de alegria e motivação.

2. Não cobre a si mesmo ou aos outros além da medida

Infelizmente, é muito comum que estabeleçamos uma cobrança exagerada sobre nós mesmos, por estarmos à frente de um projeto ou grupo. Mas a maturidade na liderança nos dará um equilíbrio importante em relação a isso. Enquanto escrevo este capítulo, me lembro do almoço que tive hoje mesmo com um líder que conheço. Ele compartilhou comigo um pouco de suas frustrações. Percebi que todas elas estão associadas ao ambiente de autocobrança constante.

    Costumo dizer que a maioria dos líderes sofrem de insatisfação crônica. Quando vou a um lugar, normalmente pergunto ao responsável: "E aí, como andam as coisas? Estou vendo que há beleza e avanço naquilo que você está fazendo!". A resposta é quase sempre a mesma: "Eu não acredito que esteja tudo tão bom assim. Há áreas extremamente problemáticas aqui. Existem muitas coisas que eu gostaria que estivessem acontecendo, e não estão". Não quero sugerir que devamos fechar os olhos para aquilo que precisa ser melhorado. Mas, se entrarmos em um ambiente de extrema cobrança, viveremos insatisfeitos, sempre à espera de algo que ainda não aconteceu.

    Outro problema da autocobrança além da medida é que ela gerará em nós um sentimento de incômodo e nos fará pressionar os outros de forma errada. Ainda sobre o almoço com aquele líder, ele me disse que sua equipe estava bastante desmotivada. Ele sentia que deveria estar fazendo mais, e as demais pessoas também; no balanço geral, ninguém estava satisfeito. A conclusão desse meu colega só prova que a cobrança exagerada é como um grande peso amarrado a nós e a nossos liderados, que impede a todos de andar com leveza e velocidade.

Talvez uma das maiores exigências que nós nos fazemos seja por crescimento. É natural querermos ver germinando aquilo que está em nossas mãos. Foi por esse motivo que uma das crises que tive como líder ocorreu, pois não via as coisas avançando na velocidade que eu gostaria. Foi então que recebi um confronto do Senhor. Na ocasião, minha filha ainda era bebê. Em uma de suas consultas médicas, o pediatra elogiou o processo de crescimento dela. Eu me senti feliz com o que ele disse, mas fiquei me perguntando: "O que estamos fazendo para vê-la crescer?". Contudo, a verdade é que nós simplesmente a alimentamos. Nunca passei uma noite puxando o braço da minha menina até vê-lo esticado ou maior, e obviamente essa estratégia teria gerado muitos desconfortos e nenhum resultado. O Espírito então começou a ministrar ao meu coração, dizendo que, quando estamos no centro da vontade de Deus, o crescimento é um processo orgânico.

> Quando estamos no centro da vontade de Deus, o crescimento é um processo orgânico.

Dessa maneira, desfrutar da plenitude daquilo que podemos viver é um reflexo natural de descansar nas promessas divinas para nós. A Bíblia diz que o Senhor trabalha enquanto dormimos, e esse princípio não se refere somente ao nosso sono físico, mas ao descanso de nossa alma e nosso espírito também. Em todas as áreas em que você se propuser a repousar em Deus, O verá realizando, trabalhando por nós. Esse é o escândalo da graça, que, por mais que algumas vezes pareça absurdo, ele é bem simples. Repare: todas as pessoas que se preocupam demais com dinheiro não enriquecem. Aquelas que vivem ansiosas com o casamento não se casam, ou demoram bastante para isso. ❯

> ❯ Veja que as áreas de maior prosperidade em sua vida são aquelas com as quais você não está preocupado, ou com medo de que dê errado.

É inútil que madrugueis, que tarde repouseis, que comais o pão de dores: aos seus amados ele o dá enquanto dormem. (Salmos 127.2 – TB)

Portanto, faça o seu melhor, mas lembre-se de que existem coisas que não podemos controlar. Sendo assim, permita que Deus faça por você tudo o que está fora de seu controle.

3. Seja um amigo para seus liderados

Muito se discute sobre a questão do vínculo entre líderes e liderados, e a respeito da possibilidade de que essa relação se torne também uma amizade. Sendo assim, não irei expor aqui sobre minhas preferências pessoais. Quanto a esse tema, prefiro olhar para Jesus e para a forma como Ele Se relacionava com seus discípulos. Observe o que o Mestre diz para aqueles homens após certo tempo de caminhada juntos:

> Já vos não chamarei servos, porque o servo não sabe o que faz o seu senhor; mas tenho-vos chamado amigos, porque tudo quanto ouvi de meu Pai vos tenho feito conhecer. (João 15.15)

Jesus está dizendo que o alvo do Seu relacionamento com os discípulos não era ter apenas o serviço deles, mas fazê-los entender o que estava em Seu coração. E a essa relação o Mestre chamou de amizade. É curioso o tanto que a Bíblia destaca esse tipo de vínculo como um dos mais importantes entre os seres humanos, e trata justamente disso em Provérbios 18.24b: "há um amigo mais chegado do que um irmão". Em outras palavras, podemos até ter irmãos de sangue, parentes, colegas de ministério ou o que quer que seja, mas esse relacionamento será muito mais significativo se formos amigos também. Pessoas que se casam, mas não constroem uma amizade com seu cônjuge, vivem uma relação aquém da que poderiam ter. Desenvolver essa parceria, seja entre pais e filhos, companheiros de trabalho, ou líderes e liderados, é aprimorar o vínculo e desfrutá-lo de forma mais completa.

Acredito que deva haver sempre equilíbrio entre as coisas, e sermos amigos de alguém não modifica a autoridade específica que temos em sua vida. Um pai não deixará de ter autoridade sobre seu filho por ser amigo dele. A amizade desenvolvida por eles é diferente da que o menino tem com seus colegas de classe. Em um ambiente saudável, as coisas são claras, e não há confusão quanto ao papel de cada um na relação. Você nunca perderá sua autoridade de líder porque se propôs a ser amigo de um liderado. Isso pode acontecer por outros motivos, mas não por causa da amizade.

A verdade é que a intimidade só se torna algo negativo para quem quer esconder alguma coisa. Por toda minha vida, fui liderado pelo meu pai, construímos juntos uma bela amizade, e nossa relação sempre fluiu perfeitamente. Entretanto, já vi muitos vínculos entre pais e filhos que trabalham juntos no ministério fracassando. Acredito que isso aconteça porque, muitas vezes, os filhos têm liberdade demais, e ao verem algumas coisas com as quais não concordam, agem opondo-se ao que foi estabelecido por seus pais, e, por consequência, fazem com que eles percam a autoridade. O problema não está necessariamente em haver liberdade, mas no que se faz com ela.

> **A intimidade só se torna algo negativo para quem quer esconder alguma coisa.**

Sempre me perguntam: "Qual é a fórmula para fazer dar certo uma relação de pai e filho dentro do ministério?". Eu respondo que quanto mais conheço meu pai, mais o admiro. Diante desse cenário, entender seu coração e me tornar amigo dele é uma vantagem para esse vínculo de liderança. É assim que Jesus orienta os discípulos, mostrando que a proximidade que eles passassem a ter do Seu coração e a intimidade que desenvolvessem com Ele, como Seus amigos, os faria absorver ainda mais de Sua vida.

Eu sempre oro pedindo a Deus que as pessoas da minha equipe sejam também minhas amigas, com quem eu tenha prazer de estar, não somente por obrigação, mas com alegria. Como invisto a maior parte do meu tempo, praticamente todos os dias, com eles, é fundamental que possamos nos divertir juntos. Quando não há um clima de amizade em nossas equipes ministeriais, não vemos a hora de tirar férias, para estar bem longe das pessoas. Isso acontece porque não é um prazer, mas apenas um trabalho. Porém, amigos se importam, torcem uns pelos outros, além disso, têm liberdade de expressar o que estão sentindo.

4. Prefira o confronto de ideias ao conflito de pessoas

A diferença entre confrontos e conflitos foi um princípio que revolucionou minha liderança. A cultura no Brasil é profundamente afetada por um perfil ditatorial, por causa da nossa história política nacional. Nesse sentido, onde há ditadura, o líder não permite que outros tenham voz, e, mais do que isso, costuma taxar como rebelde qualquer liderado que tenha uma opinião divergente da sua.

Por algum motivo, fomos ensinados que não concordar com um líder é algo inaceitável. Dessa forma, quando assumimos esse posto e nos deparamos com alguém que discorda do que dizemos, nos sentimos ameaçados e incomodados. Eu mesmo já me senti superdesconfortável com alguns membros de minha equipe, porque, em certas ocasiões, quando lhes mostrei algumas propostas, eles se opuseram a elas. Meu pensamento era infantil, como o de muitos líderes. Eu me perguntava: "Será que essa pessoa não percebe que eu sou o maioral aqui, e que minhas decisões são sempre as melhores?". E não era só eu que pensava assim. Outro dia, um líder compartilhou comigo sobre um embate que teve com um liderado. Ele me contou que finalizou a conversa com esse rapaz dizendo: "Não interessa que sua sugestão seja a melhor, eu sou o líder, e por isso minha proposta irá prevalecer!". Contudo, mentalidades como essas são o que perpetua essa cultura nociva ao desenvolvimento. Portanto, é necessário que entendamos que ser líder não significa ser o dono da verdade.

Confrontos servem para enriquecer ideias

Aprenda uma coisa: toda ideia pode ser confrontada! Na verdade, se uma proposta não pode ser debatida, isso significa que ela é frágil. Discutir sugestões antes de executá-las é o caminho mais inteligente para que um projeto seja bem-sucedido. Não foi à toa que o Senhor nos deu uma equipe de trabalho.

> Se não fosse necessário ouvir a opinião das pessoas para tomar decisões, Deus não teria nos dado um grupo para cooperar conosco.

Suponhamos que eu proponha de pintarmos a parede de vermelho, porque essa é a cor de que eu mais gosto, e particularmente acredito que seja a mais atrativa. Então um membro da equipe confronta minha ideia, dizendo que não concorda com essa proposta, e que deveríamos pintar a parede de azul, pois combina mais com o ambiente. Uma situação como essa já seria suficiente para que a maioria dos líderes ficassem chateados com aquela pessoa. Ou até dariam uma resposta tão grosseira que faria com que ela nunca mais abrisse a boca, bem como os demais membros do time. Isso, porque, às vezes, acreditamos que colaborar conosco é o mesmo que concordar o tempo todo com aquilo que propomos, mas não é.

Não quero sugerir que o líder se torne refém das pessoas, ou que não tenha autonomia para tomar decisões. Mas o fato é que a construção de uma liderança madura envolve a participação de outros. Sim, creio que a opinião do responsável pelo grupo tenha uma influência maior, mas ele jamais deverá excluir ou menosprezar aquilo que os membros de sua equipe têm a dizer.

Toda ideia pode ser discutida, e quando o líder permite essa abertura em seu time, ele certamente errará menos, porque a proposta será questionada e ponderada por diversos pontos de vista. No entanto, vale lembrar que confrontos são para ideias, não para pessoas. Isto é: quando alguém está contestando a cor de parede que escolhi, o alvo desse contraponto não é criticar a mim, trata-se apenas da cor da tinta, para que todos possam desfrutar de um ambiente melhor. Diversas vezes, me vi frustrado com pessoas porque não soube separar as coisas. Em todas as situações em que discordavam das minhas ideias, eu pensava que aquele liderado não estava me apoiando, que não me amava e não sabia me honrar; mas nada disso era verdade. Por isso, precisamos entender que permitir que haja confronto às nossas opiniões sempre nos dará a oportunidade para que as decisões sejam coletivas e muito mais assertivas.

Conflitos são em relação a pessoas

Quando não sabemos administrar um confronto de ideias, transformamos isso em conflito de pessoas.

Considerando ainda aquele exemplo da parede a ser pintada: lembre-se de que um liderado estava questionando a escolha da cor proposta por seu líder. Ao fazer isso, ele desejava o melhor para todos, e que o ambiente fosse o mais agradável possível, essa era sua intenção. Entretanto, se o líder não compreende isso, acaba entendendo que quem discorda de alguma de suas ideias está contra ele, que não acredita em sua liderança, ou, ainda, quer ser o dono da verdade, até mesmo encontrando prazer em simplesmente questioná-lo.

Então, o que acontece é que líderes imaturos transformam confrontos de ideias em conflito de pessoas. Se pensarmos dessa forma, estaremos sempre indispostos com membros de nossa equipe que nos questionam, fazendo com que os ouvir passe a ser um problema. Por fim, acabaremos pensando que a melhor saída seria não ter mais aquele liderado no grupo. Ao agir assim, podemos perder a oportunidade de crescer; e constantemente veremos pessoas, com grandes potenciais para contribuir com o time, indo embora. Não estou supondo que devemos abrir mão de nossas convicções quando os membros da equipe discordarem de nossa opinião. Mas o que dizemos não deve ser um

> **Líderes imaturos transformam confrontos de ideias em conflito de pessoas.**

decreto. É importantíssimo perceber a diferença entre uma coisa e outra.

À medida que os liderados vão se desenvolvendo, ganham mais liberdade e conseguem posicionar-se expressando o que pensam. No entanto, algumas pessoas não sabem liderar a quem apresenta propostas diferentes das suas, pois acabam sentindo-se ameaçadas e têm dificuldade para se abrir e ouvi-las.

Ultimamente, no meu ministério, tenho trabalhado duro na formação de novos líderes. Ao quinto ano dessa trajetória, eu e minha equipe havíamos alcançado um surpreendente número de pessoas, crescemos em influência e avançamos muito. Mas aconteceu que, certa vez, estive em uma reunião na qual meus liderados fizeram apontamentos bastante duros sobre mim. Sim, aqueles a quem eu havia formado e ensinado estavam opondo-se a ideias minhas. Eu lembro que me senti contrariado na ocasião, e tudo o que pensava era: "Fui eu quem treinei cada um deles, como podem discordar de mim agora?". Havíamos construído um ambiente de muita honra e respeito, e eles se posicionaram, expondo o que pensavam. Foi nesse momento que percebi: "Eles estão simplesmente confrontando uma ideia". Meus discípulos cresceram e agora enxergam por novas perspectivas. Suas opiniões passaram a ter mais força, e eu, como líder, precisava aprender a respeitar isso. Caso contrário, acabaria criando um ambiente de conflitos.

Para pensarmos a respeito disso, podemos considerar, por exemplo, um menino de 5 anos. Com essa idade, ele tem um determinado nível de capacidade ainda limitado. Por isso, são seus pais que escolhem as roupas que deve vestir, a escola na qual irá estudar e as programações que poderá fazer. Por causa de sua imaturidade, a opinião dessa criança não é levada em consideração. Mas, à medida que ela cresce e chega aos 20 anos, já consegue escolher o que irá vestir, que faculdade irá frequentar e qual curso fará. Com essa idade, a forma como o rapaz fala com os pais é diferente, e sua opinião deve ser avaliada e respeitada com um outro peso. Se esse pai não mudar a maneira de perceber o ponto de vista de seu filho, o vínculo não será saudável.

Hoje, com meus 27 anos de idade, trabalho diretamente com meu pai, e sempre dou conselhos a ele sobre o que podemos fazer. Mas perceba que é necessária muita humildade da parte do meu pai para entender que seu filho cresceu e que a opinião dele deve ser ouvida. E para que relações assim se estabeleçam, é necessário entender que, quando um liderado confronta uma ideia, ele está mostrando o anseio que tem por dar seu melhor e que ama seu líder. Quando falo sobre isso, obviamente não estou me referindo a pessoas supercríticas e destrutivas, mas a quem genuinamente anseia por acrescentar, ver os melhores resultados e se dispõe a trabalhar junto para isso.

5. Elogie

Certa vez, estava tomando conselhos sobre criação de filhos, e ouvi algo que me marcou: "Elogie publicamente e repreenda discretamente". Isso também pode perfeitamente ser aplicado ao desenvolvimento de sua liderança. O elogio é um combustível incrível para que as pessoas se desenvolvam com maior velocidade. Não há quem não goste de ser apreciado! Um ambiente no qual se faz isso constantemente é também um lugar de valorização, onde as pessoas se sentem encorajadas a irem além.

Vivemos em uma sociedade na qual existe a ditadura da crítica. Parece intelectual e bacana criticar, julgar e menosprezar o tempo todo. No entanto, quando um líder decide criar uma atmosfera de apreciação mútua, automaticamente todos irão fazer o mesmo. Isso não quer dizer que as repreensões devam estar ausentes, nem que precisem ser escondidas dos outros, mas os elogios devem triunfar sobre as críticas.

Um elogio não deve dizer apenas sobre quem o recebe, é também sobre quem o oferece. Ouvir palavras genéricas, que poderiam ser ditas para qualquer indivíduo, não é tão gratificante quanto ouvir algo que demonstra ter sido cuidadosamente percebido por outra pessoa. Então, pense com carinho sobre a forma com a qual irá abordar a qualidade que deseja exaltar, nesse caso um detalhe pode fazer toda a diferença.[2]

6. Treine pessoas e delegue autoridade a elas

Treinar pessoas e dar autoridade a elas são formas de fazê-las crescer e de permitir que vivam o projeto de Deus para suas vidas. Esse tipo de liberdade é saudável, e no fim irá produzir uma conexão maior entre nós e nossa equipe. Uma verdade sobre isso é que, quanto mais conectados ao nosso coração, mais autonomia nossos liderados podem ter. Isso, porque entendem a essência do que desejamos construir e podem colocá-la em prática com mais propriedade. Trata-se de algo que sempre motiva as pessoas, porque faz que se sintam empoderadas. Todos nós gostamos de estar livres para tomar decisões, com poder de escolha. É isso o que a psicóloga comportamental Susan Weinschenk diz sobre o tema:

> A autonomia motiva as pessoas porque faz com que se sintam no controle. O nosso inconsciente (o cérebro antigo) gosta de se sentir no controle. Dessa forma, é menor a probabilidade de se estar em perigo. Por isso que buscamos tanto autonomia.[3]

---

[2] MARQUES, José Roberto. **O poder do elogio. Blog do JRM.** Disponível em *https://www.jrmcoaching.com.br/blog/o-poder-do-elogio/*. Acesso em outubro de 2019.
[3] WEINSCHENK, Susan M. **Apresentações brilhantes**. Rio de Janeiro: Sextante, 2014.

Nunca gostei de ensinar pessoas a dirigir, pois eu realmente não tenho muita paciência para fazer isso. A última pessoa a quem ajudei nesse processo foi minha irmã mais nova, a Ester. Ela tinha acabado de tirar a carteira de habilitação, e nós estávamos de saída para a casa de um amigo que morava muito próximo, por isso, a convidei para ir dirigindo. Ela mantinha o carro tão próximo à guia que eu pensei: "Ou ela realmente é a pessoa com a maior noção de espaço que já vi na vida, ou não tem a menor noção do que está fazendo!". Demoramos mais do que eu esperava para chegar lá, e para estacionar foi uma novela. Além disso, tive de instrui-la sobre o que ela deveria fazer o tempo todo.

Não teria como ser diferente, afinal, ela ainda estava aprendendo a dirigir. Esse mesmo processo aconteceu comigo e com todas as pessoas que sabem guiar um automóvel hoje. É certo que seria muito mais fácil e prático se eu mesmo fosse dirigindo, pois ensiná-la foi um desgaste para mim naquele momento. Assim também acontece quando delegamos algo às pessoas; isso demanda de nós treiná-las a fazer o que já sabemos. É justamente nessa situação que muitos líderes optam por tornarem-se centralizadores e, consequentemente, não formarem liderados eficientes.

Por isso, delegar autoridade é a forma mais eficaz de levar as pessoas ao desenvolvimento de suas capacidades. Na liderança, não existe crescimento teórico, precisamos fazer para aprender. A força de

> **Muitos líderes estão sobrecarregados porque perdem seu tempo tentando fazer tudo, em vez de treinar sua equipe para ajudá-la a executar o que tem planejado.**

uma instituição está diretamente ligada ao quanto ela permite que os membros coloquem a mão na massa. Avaliando por essa ótica, quanto menos a equipe precisa de autorização para dar cada passo, mais saudável é a organização. Isso significa que as pessoas já aprenderam o que deveriam, e hoje estão capacitadas para tomar a frente e resolver situações, sem a necessidade de serem constantemente direcionadas por seus mestres.

Bons líderes sabem delegar autoridade. Entender isso com clareza me trouxe um imenso alívio. No entanto, existem aqueles que querem estar por dentro de tudo, vigiam desde a limpeza até palavra ministrada. Já ouviu falar sobre o líder que quer "cruzar a bola e correr para cabecear para o gol"? Isso não é algo negativo somente para ele, mas também para toda a equipe, porque é humanamente impossível fazer todas as coisas sozinho, e na tentativa de controlar tudo, o que se obtém são resultados sem excelência.

O problema de uma liderança centralizadora é que, com o tempo, tudo perderá a qualidade. Não é possível fazer as coisas de forma excelente sozinho, e é por esse motivo que, às vezes, alguns começam a perder resultados e a sentir-se exaustos. Muitos líderes estão sobrecarregados porque perdem seu tempo tentando fazer tudo, em vez de treinar sua equipe para ajudá-la a executar o que tem planejado.

A delegação é considerada um dos instrumentos mais importantes de gestão que o líder possui, seja por favorecer o desenvolvimento e a motivação de seus colaboradores, seja para reforçar a produtividade da sua equipe.[4]

Portanto, empenhe-se para formar pessoas competentes e depois permita que elas desenvolvam seu trabalho. Supervisionar os liderados de forma saudável, ou seja, lhes ensinando, é bem diferente de tentar controlá-los o tempo todo. Instruir as pessoas demanda nossa paciência e tempo, uma vez que, no início, é muito provável que haja falhas e que precisemos corrigi--las. Nesse sentido, delegar também é assumir o risco de que aconteçam erros. Não se pode esperar que um líder inexperiente desenvolva algo com a mesma qualidade que um mais maduro, pois ele levará um certo tempo para que possa fazer isso. Assim, será preciso permitir que as pessoas errem, até que estejam plenamente seguras para desenvolver aquela determinada função de forma excelente.

---

[4] SERRA, Farah. **Líderes devem saber delegar**. Administradores. com. Disponível em *https://administradores.com.br/artigos/lideres-devem-saber-delegar/*. Artigo publicado em 16 de outubro de 2015. Acesso em outubro de 2019.

Não formaremos pessoas capacitadas se não estivermos dispostos a treiná-las, e mais do que isso, a permitir que façam, coloquem em prática o que aprenderam. Não é à toa que eu amo a maneira de treinamento de Jesus. Em todo o tempo, Ele nos encoraja a ir e a fazer as coisas, em vez de nos limitar a uma série infinita de regras. Em tudo o que realizava, O Mestre permitia que Seus discípulos O observassem para aprenderem. Jesus não guardava segredos, nem tinha a pretensão egoísta de que ninguém conseguisse fazer o que Ele fez. Em vez disso, inseriu os discípulos em Seu cotidiano e lhes mostrou, o tempo todo, como se fazia.

Depois de expor os métodos, através de Seu próprio exemplo, Ele começou a incentivar aqueles homens a também colocarem em prática Suas obras. No começo de Seu ministério, por exemplo, Jesus libertava endemoniados. Então, como está na Palavra, em Marcos 9.18, Seus discípulos também expulsaram demônios. No entanto, aconteceu que, uma vez, eles não conseguiram expelir o espírito de um garoto. E na falha deles, Jesus estava lá, lhes ensinando o que ainda precisavam saber para que os demônios saíssem. O Senhor os estava treinando para fazerem as mesmas obras que Ele, o que fica claro em Mateus 28.19, quando anuncia nossa Grande Comissão.

Dessa forma, um ambiente saudável será uma plataforma para formação de líderes com alta capacidade de execução. Além disso, sempre produzirá frutos abundantes para o Reino de Deus por meio de discípulos talentosos e bem desenvolvidos.

TAREFA 6

Como líderes, precisamos cuidar para gerar um ambiente em que nossos liderados sejam desenvolvidos. Assim, cabe a nós avaliar se isso tem sido feito e realizar as mudanças necessárias para que as pessoas estejam sempre crescendo em meio à nossa liderança.

1. Faça um breve relatório respondendo a estas três perguntas:

a) Eu tenho alegria em fazer parte da minha equipe?
b) As pessoas têm prazer em trabalhar comigo?
c) Minha liderança desenvolve líderes eficazes?

Após responder às questões, medite sobre formas de aprimorar o que tem feito, ou fortalecer o que já está dando certo.

2. Aplique os seis valores ensinados neste capítulo:

Intencionalmente, perceba o que você não tem praticado como parte de sua liderança e pense em maneiras de aplicá-los. O próximo encontro que tiver com seus liderados já será uma ótima oportunidade para uma mudança de postura.

7
O PODER DE CONECTAR AS PESSOAS

> "Todos podem ser úteis, mas é fundamental que encontrem um líder que saiba colocá-los no lugar certo!"

> **A formação de uma equipe reflete a capacidade que um líder tem de extrair o melhor de cada membro e uni-los para trabalhar por sonhos, objetivos e propósitos em comum.**

Você já conheceu pessoas talentosas que estão desconectadas de uma equipe? Sabia que, dessa forma, elas podem desperdiçar o potencial que têm? No entanto, quando nos conectamos com outras pessoas, tudo quanto recebemos de Deus é potencializado. É por esse motivo que, para compor um bom time, precisaremos reconhecer os talentos pessoais de cada membro e utilizá-los de maneira mais certeira. A formação de uma equipe reflete a capacidade que um líder tem de extrair o melhor de cada membro e uni-los para trabalhar por sonhos, objetivos e propósitos em comum.

A criação da Igreja é a maneira que Jesus usa para nos ensinar sobre construção de equipe. Ele nos educa de modo saudável para unir pessoas completamente distintas a fim de trabalhar por uma única finalidade. Sobre esse assunto, Timothy Keller diz que:

> O evangelho forma comunidades. Como ele nos leva Àquele que morreu por seus inimigos, cria relacionamentos de serviço e não de egoísmo. Como o evangelho afasta o medo e o orgulho, pessoas que jamais se entenderiam fora da igreja se tornam amigas dentro dela. Como o evangelho nos chama

à santidade, o povo de Deus vive em laços de amor para uma mútua prestação de contas e disciplina. Assim, o evangelho cria uma comunidade humana radicalmente diferente de qualquer sociedade ao redor.[1]

A Igreja como modelo de formação de equipe

Você certamente já montou um quebra-cabeça, seja daqueles infantis, mais simples, ou daqueles com milhares de peças. Eu nunca fui um *expert* nesse jogo, mas, de acordo minhas poucas experiências, entendi que a melhor maneira de começar a montá-lo é pelas bordas. Primeiro formamos um quadro com todo o contorno, depois separamos as peças, visualizando suas semelhanças.

Certo dia, meditando sobre essa dinâmica, percebi um ponto importante em relação à formação de equipes. Quando um líder sabe construir um time, ele levará todos à percepção de que as diferenças nos tornam complementares uns aos outros. É justamente para esse aspecto que a Bíblia aponta ao relacionar a Igreja com o corpo humano. Repare que em nosso corpo não há membros iguais. O pé é diferente da mão e do braço; nossos dedos não são idênticos uns aos outros; nem mesmo um olho é exatamente igual ao outro, cada um dos nossos membros é único, diferente de todos os outros.

---

[1] KELLER, Timothy. **Igreja centrada**. São Paulo: Vida Nova, 2014.

O corpo humano tem muitas partes, mas elas formam um só corpo. O mesmo acontece com relação a Cristo. (1 Coríntios 12.12 – NVT)

Assim como na montagem de um quebra-cabeça, Deus aproxima pessoas diferentes, mas que têm algo em comum, uma vez que mesmo que cada parte do nosso corpo seja distinta, elas são complementares. É como se, juntos, formássemos a mesma imagem do jogo, ou seja, temos um propósito em comum, e nos encaixamos a fim de completá-lo. Mas, algumas vezes, nossas relações entre os membros da equipe – ou entre líderes e liderados – são cheias de conflitos, porque não compreendemos um princípio simples: ❯

> ❯ o que sobra em mim completa exatamente o que falta no outro, é uma união perfeita. Assim, juntos formamos a imagem completa de Jesus.

Se compreendermos isso, nossas relações se tornarão muito mais leves e encorajadoras. O princípio de nos complementarmos diz respeito aos nossos dons espirituais, dons de serviço, ministeriais e até mesmo às nossas personalidades e características pessoais.

Nossos dons são diferentes

Ele designou alguns para apóstolos, outros para profetas, outros para evangelistas, outros para pastores e mestres. (Efésios 4.11 – NVT)

Existem tipos diferentes de dons espirituais, mas o mesmo Espírito é a fonte de todos eles. Existem tipos diferentes de serviço, mas o Senhor a quem servimos é o mesmo. Deus trabalha de maneiras diferentes, mas é o mesmo Deus que opera em todos nós. A cada um de nós é concedida a manifestação do Espírito para o benefício de todos. A um o Espírito dá a capacidade de oferecer conselhos sábios, a outro o mesmo Espírito dá uma mensagem de conhecimento especial. A um o mesmo Espírito dá grande fé, a outro o único Espírito concede o dom de cura. A um ele dá o poder de realizar milagres, a outro, a capacidade de profetizar. A outro ele dá a capacidade de discernir se uma mensagem é do Espírito de Deus ou de outro espírito. A outro, ainda, dá a capacidade de falar em diferentes línguas, enquanto a um outro dá a capacidade de interpretar o que está sendo dito. Tudo isso é distribuído pelo mesmo e único Espírito, que concede o que deseja a cada um. (1 Coríntios 12.4-11 – NVT)

Perceba que, propositalmente, o próprio Deus não designou todos para fazer exatamente a mesma coisa. Por exemplo: uma pessoa que flui no profético, quando vai a uma reunião da igreja, geralmente espera que todos sintam a presença de Deus. Ela anseia por ver cada um reagindo ao ambiente, chorando e pulando. Para ela, um culto poderoso de verdade é quando há manifestações do sobrenatural, e as pessoas sentem o coração delas queimar ao ouvir a palavra ministrada.

> **Permita que aquilo que transborda do outro complete sua limitação.**

Nessa mesma reunião, talvez a pessoa que tem o dom pastoral não queira fluir tanto no mover sobrenatural naquele momento. Ela simplesmente não consegue deixar de perceber que o irmão João não está bem, e que a Maria não veio ao culto hoje... Sua mente é voltada para cuidar de pessoas, e não para fluir no profético. Nenhum dos dois está errado, eles apenas possuem dons diferentes.

O problema aparece quando não compreendemos que somos complementares uns aos outros, e que, juntos, expressamos a imagem completa de Cristo. A falta dessa perspectiva faz com que aquele que flui no dom profético olhe para o irmão que tem dom pastoral e o julgue como carnal, pois está sempre cuidando das pessoas, e, muitas vezes, não percebe a presença e a glória de Deus. Já ouvi pessoas criticando outras, quando, na verdade, elas não entenderam estas são a peça exata que faltava para ser completo. Por isso, permita que aquilo que transborda do outro complete sua limitação.

Esse princípio também se aplica às nossas diferenças pessoais e de personalidade. Por exemplo:

se temos uma pessoa extremamente organizada e pragmática de um lado, e do outro, alguém que é mais criativo e emocional, naturalmente, manter esses dois desenvolvendo um trabalho juntos será bastante difícil. É uma questão de tempo para que eles entrem em colisão. No entanto, a Igreja deve ser o lugar onde essas divergências são administradas com sabedoria. Seria incrível se percebêssemos que, pelo fato de um ser muito organizado, e o outro ter dificuldade justamente nessa questão, eles podem completar-se. O pragmatismo de um é complementar à espontaneidade do outro.

Vejo essa realidade de maneira simples e, ao mesmo tempo, profunda, pois faz com que não sejamos completos sozinhos e nos liberta da necessidade de alcançarmos a perfeição. Dessa forma, nos tornamos interdependentes, não dependemos uns dos outros, mas reconhecemos que, juntos, podemos ir mais longe e fazer melhor. Formamos uma unidade, sem a necessidade de uniformidade, e isso faz parte do sonho de Jesus para a Igreja. Ele mesmo escolheu manifestar--Se através da pluralidade, da formação de equipes:

> Enquanto comiam, Jesus tomou o pão e o abençoou. Em seguida, partiu-o em pedaços e deu aos discípulos, dizendo: "Tomem e comam, porque este é o meu corpo". (Mateus 26.26 – NVT)

Na ceia, Jesus pegou o pão simbolizando Seu corpo e o partiu em pedaços, dando uma parte para cada um dos discípulos. Eu não acredito que nada relatado na Bíblia seja por acaso. Sei que o partir do pão simboliza Seu corpo sendo dilacerado por nós na cruz do Calvário. Entretanto, também vejo essa ação de Cristo como uma analogia em relação à Igreja, Seu Corpo.

Depois que Seu corpo físico foi "partido" na cruz, é como se um pedaço d'Ele fosse dado a cada um de nós. Não digo isso no sentido literal, obviamente, mas como uma analogia. Nós nos tornamos parte desse Corpo, membros dele. Logo, nenhum de nós, sozinhos, somos como um pão inteiro, mas sim pequenos pedaços.

O que acho interessante é que Jesus não cortou o pão, ele o partiu. Talvez você me pergunte: "Que diferença faz essa informação?". Imagine um pão cortado e um partido. No primeiro, não sobra nenhuma curva ou ângulo fora do padrão, você não vê muitas diferenças entre uma parte e outra; já no segundo, cada parte é bem diferente da outra. Podem existir pedaços grandes e outros pequenos, mas nenhum deles poderia ser o pão inteiro sozinho.

Infelizmente, muitos líderes esperam que suas equipes sejam como um pão cortado, em vez de partido. É comum tentarmos padronizar, afinal de contas, o cortado fica mais bonito, um se encaixa com mais facilidade no outro. Mas não podemos nos esquecer de que nosso Mestre partiu o pão, formando pedaços que não são uniformes. Assim como cada um de nós somos diferentes dos demais, e nos tornamos completos

> Você pode ser um "pedação" de pão, ou só um "pedacinho", mas ele só estará inteiro se cada um estiver conectado, no seu lugar e cumprindo sua função. >

quando nos conectamos efetivamente e nos reconhecemos como um só Corpo, a Noiva de Jesus.

> Juntos, expressamos o pão vivo que desceu do Céu, com o qual podemos alimentar uma multidão, um bairro, uma cidade e as nações. Existem lugares com muitas pessoas famintas, pois, infelizmente, o pão não quer se unir, mas prefere se vangloriar das partes que cada um carrega, se esquecendo de que somente juntos podemos expressar a plenitude de quem Ele é.

Esse entendimento nos leva a perceber que nossas diferenças não nos dividem, mas nos completam, por estarmos juntos, formamos esse grande quebra-cabeça com a imagem de Jesus. Em linhas gerais, liderar nos fará navegar entre o singular e o coletivo. Entendendo que há, de fato, um projeto macro, que vai além de um só indivíduo. Mas que, por outro lado, também existe um plano individual, micro, para cada um, e o projeto completo só é funcional quando cada indivíduo, de maneira singular, compreende seu papel no plano geral.

Encaixe as pessoas no lugar certo

Costumo fazer algumas perguntas básicas quando entro em contato com novos membros de minha equipe: "Qual é seu sonho?"; "O que você mais gosta de fazer?"; "Qual é o propósito da sua vida, e quanto ao seu chamado?". Essas simples questões são suficientes para chocar as pessoas, porque elas não estão acostumadas a ouvi-las. Normalmente, a resposta que recebo é: "Estou aqui para servir e fazer o que for necessário". Diante dessa afirmação, que parece tão espiritual, mas também é perigosa, eu penso: "Até quando você irá se contentar em fazer o que for necessário? E se isso não estiver relacionado ao seu propósito pessoal, com aquilo que você foi criado para fazer?. É muito bom que você esteja disposto a servir, mas não deixe de procurar o destino que o Senhor planejou para sua vida, até encontrá-lo, e, então, dê passos em sua direção".

Quanto a nós, líderes, precisamos conhecer bem cada uma das nossas "peças". É muito arriscado estar em um jogo, sem saber particularmente as partes que o compõem. Pois, no que diz respeito à formação de

> **Até quando você irá se contentar em fazer o que for necessário? E se isso não estiver relacionado ao seu propósito pessoal, com aquilo que você foi criado para fazer?**

uma equipe, quando não se percebe bem como é cada integrante, corre-se o risco de que as pessoas sejam posicionadas nos lugares errados. Todos podem ser úteis, mas é fundamental que encontrem um líder que saiba colocá-los na posição correta!

Não são todas as pessoas que encontram alguém que deseje extrair o melhor delas, muitas vezes, só se deparam com quem simplesmente espera que sejam úteis. Nesse contexto, há aqueles que não se sentem livres para viver o próprio destino.

Isso, porque ao só contar com a produtividade dos liderados, muitos se esquecem de perceber a grandeza do que Deus preparou para eles. Acredite: as pessoas sempre têm anseios mais incríveis do que você imagina. Elas carregam sonhos, visões e expectativas, e tudo isso receberam de Deus. Cabe ao líder instigá-las a se tornarem quem elas foram criadas para ser. Quando você sabe quais são os anseios e os dons pessoais dos membros de sua equipe, consegue desafiá-las dentro de suas áreas de atuação específicas. É uma grande tolice tratar as pessoas de acordo com um padrão geral, pois elas não são todas iguais.

Por isso, eu acho brilhante a maneira como são feitas as escalações dos times de futebol, sobretudo em jogos de seleções. Nesse caso, o técnico tem à sua

> Todos podem ser úteis, mas é fundamental que encontrem um líder que saiba colocá-los na posição correta!

> **É uma grande tolice tratar as pessoas de acordo com um padrão geral, pois elas não são todas iguais.**

disposição mais jogadores do que o necessário para atuar em campo. Mas como ele poderá escolher a melhor formação para cada jogo? É comum que o treinador justifique o seguinte: "Selecionei determinado jogador, porque analisei suas características e vi que seriam fundamentais para contribuir com essa estratégia especificamente. Precisamos exatamente das habilidades de cada um aqui!".

Você consegue perceber como é importante o técnico de futebol ter conhecimento pessoal de cada membro de sua equipe? Saber disso o fará ser sensato com aquele que está assumindo a vaga no time, e sábio por poupar a participação daquele cujas características não são compatíveis com o jogo. Isso se conecta à forma como Deus trabalha em nós, como Corpo, aproveitando a plenitude dos nossos dons. O escritor e pastor Charles Swindoll ilustra esse princípio em seu livro *Crescendo nas estações da vida*:

> Certa vez, os animais decidiram fazer alguma coisa significativa para resolver os problemas do novo mundo. Assim, organizaram uma escola. Eles adotaram um currículo

de atividades que incluía corrida, escalada, natação e voo. Para tornar a administração mais fácil, todos os animais deveriam assistir a todas as aulas.

O pato era excelente na natação. Na verdade, era melhor do que o próprio instrutor! No entanto, ele só tirou notas boas em voo. Na corrida, foi muito mal. Considerando sua lentidão na corrida, teve de parar com a natação para treinar e ficar mais veloz. Por causa disso, sua pata achatada ficou em mau estado, e ele ficou apenas na média nas aulas de natação. Como a média era o mínimo aceitável, ninguém se preocupou com aquilo – a não ser o pato.

O coelho começou como o primeiro aluno da classe de corrida, mas teve uma contração muscular na perna porque tinha de fazer um esforço muito grande para passar na prova de natação. Já o esquilo era ótimo em escaladas, mas encontrava sempre muita dificuldade nas aulas de voo, pois o professor exigia que ele começasse do chão, em vez de partir do alto da árvore. Por causa do esforço excessivo, ele tinha câimbras o tempo todo, e não conseguiu passar da média "C" em escalada e de um "D" em corrida.

A águia era um aluno problemático, e foi duramente disciplinada por não se conformar com os métodos. Nas aulas de escalada, chegava no alto antes de todos, mas insistia em fazê-lo à sua maneira![2]

Essa história ilustra exatamente a importância de conhecermos as capacidades e as fraquezas de cada um

---

[2] SWINDOLL, Charles. **Crescendo nas estações da vida**. Curitiba: Atos, 2002.

a quem lideramos. Além do risco que existe quando não sabemos, e, por consequência, não tratamos de maneira específica cada pessoa. Portanto, se você quiser formar uma equipe de alto nível, leve a sério a análise do potencial específico de cada indivíduo! Esse entendimento começa pelo que eles sabem a respeito deles mesmos, por aquilo que é mais visível. Depois disso é possível ir além e fazê-los descobrir talentos que nem imaginavam ter.

Uma vez que sabemos onde as pessoas se desenvolvem melhor, fica muito mais fácil lhes dar uma função que poderão exercer com excelência e na qual veem um motivo. Nenhum ser humano gosta de estar em um lugar simplesmente para constar ou fazer volume. Mas amamos quando existe um senso de propósito e pertencimento ao utilizarmos nosso potencial para o desenvolvimento de um grupo ou uma organização. Por outro lado, não existe a possibilidade de fazermos uma gestão eficiente de um time, como coletivo, se não tivermos clareza a respeito das peças que temos em mãos. Sem conhecer os membros de uma equipe, não seremos capazes de geri-la de maneira orgânica e saudável.

Diante disso, irei concluir este capítulo lhe dando algumas dicas práticas para encaixar e posicionar as pessoas nos lugares certos:

1. Descubra quais são os sonhos das pessoas

Todos nós temos um sonho, mas, na maioria dos lugares, não somos estimulados a falar sobre ele. Portanto, é essencial mostrarmos às pessoas quanto valorizamos seus sonhos particulares. Existe um propósito para o vínculo que você tem, como líder, com relação a cada um de seus liderados. É você quem pode conduzi-los a entender a importância de sonhar com o Pai, e isso gerará desenvolvimento para o grupo como um todo.

Costumo brincar dizendo: "Quando tudo está dando certo na sua vida, você não tem tempo para atrapalhar os outros, só para ajudá-los!". O que quero dizer é que assegurar que alguém esteja realizado pessoalmente é um grande serviço ao coletivo. Por isso, vibre com as conquistas das pessoas, seja quando elas conseguem trocar de carro, comprar um imóvel ou realizar um projeto novo. Valorizar os sonhos de seus liderados é a maneira mais eficaz de levá-los a entender que podem sonhar muito mais alto.

2. Nunca obrigue as pessoas a estarem onde não desejam

Forçar as pessoas a fazerem algo que não lhes traz satisfação alguma certamente não trará um bom resultado para elas, muito menos para a equipe. Como líderes, não somos obrigados a colocá-las na posição que desejam, mas devemos ter o compromisso de nunca as pressionar para que estejam onde não querem. Com isso, não quero invalidar a possibilidade de lhes convencer quando julgamos que devem ser desafiadas e sair da zona de conforto, nesse tópico me refiro a imposições disfuncionais. Esse é um aprendizado que tive com minha experiência ao longo do tempo, assim como ao ouvir líderes mais experientes. Por vezes tentei fazer pessoas assumirem tarefas que não se sentiam confortáveis para realizar. Em outros momentos, tentei fazer com que elas se encaixassem na liderança de outras, com quem não tinham afinidade alguma.

No entanto, esse tipo de cenário compromete o rendimento da equipe como um todo. Ao formar um time, é necessário que tenhamos o cuidado de fazer com que todos os membros caminhem para a mesma direção e que tenham motivação para isso. Se um dos colaboradores desanimar ou não se desenvolver, acabará gerando peso excessivo aos demais. Já reparou em como é danoso ao corpo quando um de nossos membros não está funcionando bem? Como exemplo disso, recentemente quebrei o dedão do pé direito, e, por incrível que pareça, posso afirmar que todo meu corpo sofreu com isso. Já que não podia andar com firmeza, senti dores por todos os lados! O mesmo acontece com a equipe, quando um membro não está em seu estado saudável; todos sentem e lidam com as consequências.

3. Valorize os diferentes talentos

Um time não deve ser dependente do talento de apenas um de seus integrantes. A qualidade de uma equipe está na utilização do potencial máximo de todos. Por isso, procure valorizar igualmente cada um, do maior ao menor; sabendo que, na verdade, eles são extremamente importantes para o desenvolvimento coletivo. Foi assim que o apóstolo Paulo se referiu à edificação, nos levando a entender que todos devem se sentir valorizados, independentemente de qual seja a contribuição que fazem.

Quando valorizamos todas as pessoas, elas passam a exercitar o talento que têm de forma plena. No entanto, vale lembrar que o potencial máximo de um liderado nunca será idêntico ao de outro, por isso a comparação nunca é algo saudável. A competição colocará alguns em evidência, aqueles que conseguem demonstrar uma boa performance, e, muitas vezes, leva os outros a desejarem aquele lugar. O problema é que um cenário como esse acaba gerando insatisfação e até inveja. Contudo, quando valorizamos a todos, sem prestigiar mais a um do que os demais, os ajudamos a entender que possuem um valor único e inigualável, que seus talentos e suas aptidões foram especialmente selecionados por Deus e depositados em sua vida.

4. Mostre às pessoas que seus talentos pessoais são fundamentais para o coletivo

Saber o quanto somos úteis em um lugar nos dá um senso de propósito, para que possamos crescer ali. Infelizmente, o jogador que chuta a bola para o gol é muito valorizado, mas a verdade é que aquele chute só foi possível porque os outros 10 jogadores driblaram, defenderam e lhe passaram a bola. Se não fosse a participação de cada um deles, o gol não teria acontecido.

Quando vou a um culto, costumo pensar que os voluntários que estão no estacionamento são tão importantes quanto o pastor que prega a palavra com o microfone na mão. Se as pessoas são bem recebidas no estacionamento, isso significa que começamos o processo de "marcar o gol". Caso contrário, se esses voluntários que ajudam as pessoas a estacionar o carro fossem mal-educados e rudes, isso significaria um impedimento para alcançar o objetivo. O grande desafio é mostrar para esses colaboradores que, ao término da Palavra, as lágrimas nos olhos das pessoas não são resultado somente do trabalho do pregador, mas também do que eles fizeram.

5. Incentive as pessoas a desenvolverem seus dons

Grande parte das pessoas passam tempo demais tentando melhorar aquilo que não fazem bem, em vez de investirem em aprimorar o que fazem de melhor. Entretanto, seria muito mais lógico se, aquele que nasceu para ser goleiro, por exemplo, não perdesse tempo treinando para melhorar suas técnicas e seus fundamentos de como chutar para o gol.

Ensine as pessoas que elas não precisam se comprometer a serem as melhores em tudo. Uma vez que quem tenta ser ótimo em todas as coisas acaba não conseguindo tornar-se realmente bom em nada. Mas, valorizando o que cada um tem de melhor, você terá uma equipe de especialistas superqualificados em diferentes áreas. Dessa forma, diante de qualquer necessidade, sempre haverá alguém competente para se posicionar e trazer uma solução àquela situação.

Isso não significa que não devamos dar nosso melhor, ou que possamos fazer de qualquer jeito aquilo que não é nossa especialidade. A Palavra nos orienta, em Colossenses 3.23, que: "[...] tudo quanto fizerdes, fazei-o de todo o coração, como ao Senhor, e não aos homens". Mas também nos alerta sobre a diversidade dos nossos dons e das nossas habilidades:

> Porque assim como em um corpo temos muitos membros, e nem todos os membros têm a mesma operação. Assim

nós, que somos muitos, somos um só corpo em Cristo, mas individualmente somos membros uns dos outros. De modo que, tendo diferentes dons, segundo a graça que nos é dada, se é profecia, seja ela segundo a medida da fé. (Romanos 12.4-6)

Portanto, é fundamental entendermos o valor de servir, assim como fez Jesus, que serviu a todos o tempo todo. Também é nossa responsabilidade entregar o melhor resultado que pudermos em tudo quanto fazemos, mas com a convicção de que há um propósito específico designado para cada um de nós. E o Senhor anseia por revelar Seus planos e sonhos exclusivos, que foram separados para nossas vidas. Assim como Cristo, pois Ele sabia que Seu destino era entregar Sua vida para restaurar nosso acesso ao Pai. Por isso, foi fiel até o fim, conhecendo a alegria que Lhe era proposta, e essa foi a força que O impulsionou a cumprir Seu propósito.

Sendo assim, que você encoraje e ajude a cada um de seus liderados a descobrir qual é o propósito de suas vidas. Tenho certeza de que o Senhor o ajudará a cuidar de cada pessoa que Ele colocou sob seu cuidado com excelência. Que eles saibam honrá-lo, servir e tenham convicção de quem foram criados para "ser". Mas que, sobretudo, jamais abandonem o exemplo do Mestre dos mestres, Jesus.

TAREFA 7

Um trabalho em equipe bem desenvolvido é fundamental para que o potencial de cada uma das pessoas seja bem aproveitado. Como líderes, assumimos a posição de maestria, posicionando cada um no lugar em que devem estar.

1. Atente-se aos talentos individuais de cada membro de sua equipe: Invista um certo período para fazer uma análise pessoal e minuciosa a fim de descobrir quais são as aptidões de cada pessoa que compõe seu time.

2. Tenha um tempo individual com cada membro da equipe e relembre-os de quais são seus pontos fortes. Além disso, reforce com eles a visão do grupo, e como ela pode cooperar com seus talentos para o desenvolvimento dos projetos coletivos.

8 FORME OS MELHORES

> **A liderança não é sobre competir, mas sobre doar-se.**

Talvez você considere como algo impossível formar pessoas melhores do que você. Infelizmente, tornou-se incomum desenvolver pessoas de maneira eficiente, e isso nos indica que precisamos voltar para as bases bíblicas no processo de formação dos líderes.

Eu sonho com o dia em que os filhos serão melhores do que seus pais, os liderados melhores do que seus líderes, e que tudo isso se torne uma regra. Almejo ver o potencial, a abrangência e a capacidade sendo ampliados a cada novo ciclo de liderança, de forma que a geração atual continue a crescer com base no lugar mais alto que a anterior alcançou. Nossos sucessores devem ir além de nós.

É triste o fato de que alguns líderes considerem ofensiva a possibilidade de seus discípulos irem além deles. Esse não é o sentimento genuíno de um mestre. A liderança não é sobre competir, mas sobre doar-se. Nós devemos ofertar tudo o que temos, sabemos e recebemos de gerações anteriores. Não se trata de simplesmente capacitar pessoas para cumprirem uma função, mas formar pessoas melhores do que nós. Além disso, acredito que esse padrão não seja somente uma possibilidade, mas o modelo bíblico deixado por Jesus.

Quando falo sobre a formação de pessoas melhores do que nós, respeito totalmente a fala de Jesus em Lucas 6.40: "O discípulo não é superior a seu mestre, mas todo o que for perfeito será como o seu mestre". No entanto, ser maior ou superior é diferente de ser melhor, pois tudo o que um discípulo faz, ele aprendeu com o mestre.

Logo, um bom líder capacita e prepara seus discípulos para realizarem obras maiores do que ele mesmo pôde fazer. Ou seja, no texto de Lucas, Jesus não limita o liderado a apenas a atingir o patamar de seu mestre, mas o incentiva a aprender tudo quanto for possível com ele e tomar essa bagagem de aprendizado como seu ponto de partida, para ir muito além. Dessa forma, não iremos longe por causa do que somos capazes de fazer sozinhos, mas porque nos foi oferecido partir do ponto que nossos antecessores já conquistaram. Assim, todo avanço de um liderado traz honra ao líder.

> A liderança não é sobre competir, mas sobre doar-se.

Investir em pessoas é a única forma de gerarmos um galardão eterno

Investir em pessoas é uma via de mão dupla. Se por um lado esse investimento rende benefícios aos liderados, pois escolhemos servi-los em amor, por outro lado, é a única forma de fazermos parte de algo eterno. Ao fazer isso, passamos a viver coisas verdadeiramente relevantes, que não estão limitadas à nossa existência na Terra, mas ecoam para além de nossos dias aqui. Há uma exaltação disponível para todo aquele que se humilha. Jesus fez isso tomando a forma de homem, andando entre nós e servindo constantemente. Seu sacrifício O tornou exaltado com o nome que é sobre todo nome.

Certamente, o objetivo de uma pessoa que lidera conforme os ensinamentos bíblicos é render honra ao nome de Jesus. Tudo o que for gerado a partir disso ecoará pela eternidade, e, obviamente, também irá constituir um galardão para quem o faz. Por esse motivo, não há nada mais inteligente do que dedicar--nos às pessoas. Nossa vida na Terra irá durar apenas um tempo determinado, ela não é eterna. Sendo assim, no momento de nossa morte física, todas as nossas conquistas materiais e terrenas ficarão aqui. Seja um império que construímos, uma grande organização que fundamos, ou patrimônios que adquirimos, tudo isso perderá o sentido a menos que tenhamos impactado a vida das pessoas. Não sou contra a construção dessas coisas, mas é preciso reconhecer que o único investimento inteligente é o que transforma vidas. Dedicar-se às pessoas foi o padrão deixado por Cristo.

Diante disso, acredito que o principal motivo para que o julgamento das obras dos homens acontecesse no último dia, conforme 2 Coríntios 5.10, é porque tudo quanto fazemos produzirá reflexos que irão permanecer, mesmo após nossa morte:

> Porque todos devemos comparecer ante o tribunal de Cristo, para que cada um receba segundo o que tiver feito por meio do corpo, ou bem, ou mal.

Temos de aguardar para receber nosso galardão, porque as obras que faremos em vida irão afetar as próximas gerações. Imagine Paulo, por exemplo, o apóstolo que dedicou sua vida a pregar o Evangelho, a fazer discípulos e a implantar igrejas. Ele é para nós um referencial de doação pelo Corpo de Cristo, por pessoas. Veja o que Ed Silvoso relata sobre a vida e a entrega desse apóstolo em seu livro *Ekklesia*:

> Dois anos depois de Paulo ter implantado a ekklesia em Éfeso, todos os que viviam na província [região romana] da Ásia ouviram a palavra do Senhor (Atos 19.10), o que não é pouca coisa, uma vez que a população daquela região excedia um milhão de pessoas. E não muito tempo depois, o apóstolo pôde afirmar, com certeza, que "desde Jerusalém [...] até o Ilírico, proclamei plenamente o evangelho de Cristo" (Romanos 15.19).[1]

Atente-se para o fato de que Paulo tinha um grande desejo de impactar vidas, e isso é algo fenomenal. Vemos que o apóstolo deixou congregações implantadas e pastores estabelecidos ao longo de sua caminhada, ou seja, ele gerou um legado, algo que permanecerá para além de sua vida. O que ele escreveu não foram simplesmente obras literárias, mas cartas às igrejas, uma vez que seu objetivo não era ficar rico, famoso

---

[1] SILVOSO, Ed. **Ekklesia**: a revolução começa na Igreja. São Paulo: Quatro Ventos, 2019.

ou ganhar alguma premiação com seus escritos, mas instruir aqueles que estavam vindo depois dele. Eu não desprezo esses interesses, mas o que notamos no caso de Paulo é que seu propósito principal era muito mais significativo do que isso, ele ansiava alcançar pessoas. Tudo o que Paulo escreveu, tinha uma finalidade: transmitir o que ele carregava aos demais.

Pense comigo: o apóstolo que deu sua vida pelos outros será avaliado no último dia. Mas por que Paulo e todos os homens que já morreram ainda estão aguardando o julgamento de suas obras? Porque elas continuam a produzir frutos. Seu legado ainda não foi concluído. Os discípulos de Paulo também fizeram novos discípulos, que ensinaram a outros até chegar a nós. Ou seja, sua obra não parou com sua morte.

Em síntese, fazer esse investimento em vidas é a única forma de passarmos pela Terra e deixarmos um legado. É a única maneira de termos a convicção de que nossa existência teve um sentido eterno. Em toda a História do mundo, nunca houve alguém como você, com seu *background*, seus dons e suas habilidades. Logo, quando dedicamos o que temos, ou seja, nosso tempo, talento ou até mesmo riquezas materiais a cuidar de pessoas, estamos abençoando o mundo por meio da transmissão daquilo que Deus deu somente a nós.

Partindo desse ponto de vista, formar pessoas melhores do que nós deixa de ser uma ameaça e passa a ser uma dádiva. Por isso, precisamos ter o entendimento de que o trabalho para o Reino não acontece apenas durante nosso tempo de existência em Terra, mas se estenderá através de outras pessoas.

Não retenha nada!

> Deixar um legado é dar às pessoas tudo aquilo que recebemos de Deus.

> Essa realidade foge completamente do padrão natural de pensamento do homem caído, que deseja reter ao máximo a cultura que o rodeia, e, assim, sempre ser beneficiado, mas nunca beneficiar. Não temos como formar pessoas que irão além de nós se não entendermos que devemos lhes entregar tudo o que já alcançamos. Todas as nossas conquistas como líderes não se destinam apenas a nós mesmos, não devem parar em nós. Da mesma forma que o chefe de uma família obtém riquezas, constrói um patrimônio e faz sua fortuna sabendo que seus filhos irão desfrutar de tudo isso como herdeiros, essa também deve ser a mentalidade de um líder.

Porém, temos um grande problema quando falamos sobre essa transmissão de legado, pois muitos acham injusto alguém dedicar seus dias para conquistar algo e depois entregá-lo de graça a outra pessoa. Mas o próprio conceito de herança revela que não é algo que precisamos conquistar, simplesmente a recebemos.

Portanto, reforço o fato de que isso pode ser ilógico ao homem natural, mas é totalmente consistente com o perfil de Jesus, pois Cristo fez isso por nós na Cruz, nos dando acesso a uma herança conquistada por Ele.

Talvez a herança seja um tema complexo, tanto aos que a transmitem quanto aos que a recebem, pois ela carrega uma complicação não somente no âmbito da Igreja, mas na sociedade de forma geral. É possível que esse seja um dos assuntos que geram maior tensão nos dias de hoje. De forma que, infelizmente, a maioria dos líderes e pais, bem como filhos e herdeiros, não conseguem se posicionar de maneira saudável diante desse assunto. Uma prova disso é um estudo publicado pelo Instituto Brasileiro de Executivos de Finanças (IBEF):

> Estudo feito pela PwC em 2010 com empresas familiares atuando em diversos setores da economia em 35 países constatou o seguinte: 36% das empresas sobrevivem à passagem para a segunda geração; 19%, para a terceira geração; 7%, para a quarta geração; e apenas 5%, para a quinta ou mais gerações.[2]

---

[2] Artigo publicado pelo Instituto Brasileiro de Executivos de Finanças. **Por que tão poucas empresas familiares conseguem chegar à segunda geração?** Disponível em *https://ibefsp.com.br/por-que-tao-poucas-empresas-familiares-conseguem-chegar-a-segunda-geracao/*. Publicado em 23 de novembro de 2011. Acesso em outubro de 2019.

Não temos uma pesquisa voltada à liderança na Igreja, mas acredito que os números seriam bastante parecidos com os apresentados no artigo acima. É evidente que, se não houver uma intencionalidade na transmissão daquilo que conquistamos, dificilmente as próximas gerações estarão engajadas em continuar o que recebemos de Deus. Mas sabe qual é o maior problema disso? O Evangelho ganharia muito mais impacto se cada geração fosse eficaz em transmitir tudo quanto recebeu para a próxima, porque, assim, os sucessores poderiam prosseguir as obras de seus antecessores, valendo-se do que já está em suas mãos.

Eu mesmo posso dizer que vivi o poder de uma transição saudável. Sou filho de pastor, e meu pai foi intencional ao me preparar para ir além dele. Esse foi e é um tema recorrente entre nós, e sua fala sempre foi alinhada a esse posicionamento. Em todo momento, tive acesso a tudo o que é dele.

Entretanto, existem duas coisas que atrapalham bastante o processo de transmissão de uma herança: primeiro, o fato de que algumas pessoas sentem necessidade de recomeçar, quando, na verdade, já poderiam ir além, sem precisar voltar ao início de uma jornada que já foi caminhada anteriormente. O segundo aspecto é o fato de que, se falhamos em transmitir o legado que já construímos, o potencial que teríamos de impactar vidas, mesmo após nossa morte física, acaba desaparecendo com nossa existência na

Terra, enquanto poderia ecoar e se perpetuar por meio de outras pessoas.

De acordo com a pesquisa mencionada anteriormente, na primeira geração, apenas 36% dos líderes obtiveram sucesso ao transmitir aquilo que receberam. Esse número caiu para 5% na terceira geração. Esse fato denuncia que tudo o que essas pessoas edificaram ao longo de suas vidas levará cerca de três gerações para desaparecer, o que só acontece porque não tomaram o cuidado de transmitir aos seus sucessores o legado construído, com a finalidade de dar continuidade aos projetos.

A única maneira de verdadeiramente formar pessoas melhores que nós é dar a elas tudo o que temos e lhes ensinar o que um dia aprendemos. Assegurar sucesso em nossa liderança é garantir que nossos discípulos recebam o legado que está conosco.

Portanto, irei destacar o posicionamento correto e adequado, tanto para líderes como para os liderados:

Líderes

Os líderes devem sempre se lembrar de que é necessário ter coisas, mas que nada pode tê-los. Costumo meditar no fato de que só é seu aquilo que não o tem. Quando reconhecemos que tudo o que possuímos pertence a Deus, temos tranquilidade para dar aos outros generosamente. Quando tratamos de herança e transmissão de legado, costumamos associá-

> **A única maneira de verdadeiramente formar pessoas melhores que nós é dar a elas tudo o que temos e lhes ensinar o que um dia aprendemos.**

-los à morte, mas prefiro crer que a passagem de bastão é um estilo de vida, e que ela acontece ao longo de toda nossa liderança.

Hoje, mesmo sendo um jovem líder, já me preocupo com a transição. De acordo com o que aprendi em minha experiência pessoal, quanto mais alguém retém algo, por esperar que, um dia, a transferência aconteça naturalmente, acaba por não chegar a esse aguardado momento. Passagem de bastão não é uma questão que cabe somente aos líderes mais velhos, mas sim a todos aqueles que exercem essa função. Mesmo que você seja um jovem líder, saiba que seus liderados já são a próxima geração. A transmissão de legado não deve acontecer somente no dia em que você estiver deixando sua posição, mas ao longo de todo o tempo de sua liderança.

Não é preciso estudar muito profundamente a História da Igreja para percebermos que a maioria dos moveres de Deus acabaram pelo mesmo motivo de muitas empresas fecharem as portas: a falta de uma transição saudável à próxima geração. Costumamos

> O líder genuíno vê o avanço de seus liderados como produto de seu investimento, e não como uma ameaça.

criar tantas dificuldades para os sucessores acessarem o que temos que não os preparamos para assumir o que estará em nossas mãos.

Um líder saudável mostra aos liderados que todas as suas conquistas, assim como todos os seus dons, serão transmitidas a eles. Além disso, ele nunca deve entrar em competição com nenhum de seus discípulos. O líder genuíno vê o avanço de seus liderados como produto de seu investimento, e não como uma ameaça.

Sendo assim, o modelo de liderança no qual devemos nos inspirar é o de Jesus. Ao contrário do senso comum, que nos instiga a trabalhar para ter cada vez mais poder e controle, Ele lutou para dar isso às pessoas. Para alguns, é chocante a possibilidade de construir algo de que apenas os outros irão desfrutar. Em um ambiente onde não há generosidade, as gerações mais novas pedem para receber o bastão de forma legítima, mas, em todo o tempo, são sabotadas por aqueles que o carregam.

Seguidas vezes afirmamos amar a próxima geração, mas esse sentimento parece evaporar quando eles reivindicam que lhes entreguemos o que está em nossas mãos. Aquilo que deveríamos passar a eles, mas que não queremos. Explanamos sermões sobre uma liderança que valoriza e potencializa os liderados, mas esperamos que as pessoas não levem essa mensagem tão a sério quando decidem ousar e construir algo genuíno. Amamos a liberdade, desde que todos sejam "livres" para fazer aquilo que nós achamos que eles devem fazer.

Logo, precisamos entender que essa transição não leva um dia, um momento ou uma cerimônia, mas é um estilo de liderança. Os discípulos de Jesus não precisavam insistentemente pedir passagem, Ele mesmo os lançava para trabalharem em novos projetos. Cristo não lhes questionava o tempo todo, mas acreditava em cada um.

> ❯ Nossos liderados devem ser um lembrete de que tudo o que fazemos perderá sentido se não for transmitido a eles, e só assim poderemos vê-los indo além de nós.

Eu creio que o legado que carregamos não é nosso, mas pertence a Deus. Dessa forma, tudo o que temos em mãos sempre será transmitido a outros, quer concordemos com isso ou não. O que cabe a nós é decidir se seremos participantes daquilo que o Senhor fará através daqueles que receberão nosso legado, ou se iremos preferir nos ausentar disso, ou até mesmo atrapalhar esse processo.

Levemos em conta o posicionamento de Saul, que é um modelo trágico na questão de transmissão de liderança. Ele falhou no processo de formação e transição para seu liderado, Davi. Seu coração foi cheio de amargura, porque o jovem pastor foi levantado por Deus para sucedê-lo. Para o rei, era inadmissível que pudesse haver alguém melhor do que ele surgindo. Ao ouvir a música que as mulheres entoaram exaltando Davi e suas conquistas, o coração de Saul ficou transtornado, e matar o jovem passou a ser sua meta pessoal (cf. 1 Samuel 18.7-9). Infelizmente, todo líder corre o risco de ser como Saul, especialmente quando vê Deus levantando pessoas além dele mesmo. Ou quando percebe que existem outros que, em menos tempo, farão mais do que ele, até mesmo ao contemplar seus liderados recebendo elogios.

Em certo momento, Saul revelou seu coração mal resolvido, assim como sua incapacidade de administrar aquela crise. Ele demonstrou um modelo de liderança que não deve ser exercido por ninguém. Em contrapartida, eu acredito que a única maneira de alcançarmos o nível de generosidade proposto por Jesus é permitirmos que nossa alma seja curada por Deus.

É preciso ser muito bem resolvido para liderar alguém como Davi, um jovem com unção, capacidade, carisma e muita competência. Eu ousaria dizer que precisamos matar o Saul que habita em nós constantemente, pois com esse sentimento de homem caído, nunca seremos capazes de ter orgulho ao ver o êxito e o crescimento do outro. Bom, pode até ser que nos alegremos, mas só no momento em que percebemos que há alguma vantagem para nós mesmos. A verdade é que, muitas vezes, formar, desenvolver e capacitar pessoas pode parecer um grande prejuízo quando consideramos isso pela perspectiva humana egoísta.

Essa tensão nunca foi tão real. Tenho visitado muitas igrejas para tratar sobre o tema e tentar apaziguar a situação entre pastores mais experientes e pastores jovens. O que gera graves disfunções às instituições é o fato de que a maioria dos líderes não consegue notar os talentos dos mais novos e não se dispõem a permiti-los usar a herança construída, que só lhes será entregue futuramente.

Em um desses aconselhamentos, um jovem pastor que passava por um processo como esse, mas tinha o coração aberto, me disse algo que exemplifica com clareza essa realidade: "Sinto como se estivesse diante de um grande parque de diversões, que seria a herança que foi construída pelo meu líder. Mas a sensação que tenho é de que nada é meu, e que nunca poderei brincar nesse brinquedo, muitos menos trabalhar no comando do parque!".

> Poucas áreas sofrem mais em relação aos conflitos, do que a do relacionamento intergeracional. Isto se deve, na maioria das vezes, a uma ausência do entendimento da inter-relação profunda e dependente entre as gerações.[3]

---

[3] DANTAS, Elias. **O desafio da liderança**. Arapongas: Aleluia, 2017.

De acordo com minha percepção pessoal, acredito que a maior parte dos líderes não transfere tudo o que tem aos seus liderados, porque está com medo do que eles poderão fazer com a autoridade que receberão. Alguns pensam que a transmissão de conhecimento técnico poderá fazer de um liderado seu concorrente. Acreditam que delegar certas funções às pessoas fará com que a soberba tome conta de seus corações, de maneira que passem a formar uma nova equipe, ou até mesmo uma nova igreja. Há também aqueles que acham que usar toda sua capacidade e conhecimento para transmitir de graça o que sabem para alguém que acabou de começar é dar de mão beijada o que levaram muito tempo para conquistar. Pensamentos assim podem até fazer algum sentido, mas não são espirituais. Se for para desacreditar das pessoas, é melhor não as liderar.

Ressalto que transmissão não deve ser um evento, e que não deve acontecer somente quando um sucessor assume o lugar do líder, mas que, na verdade, este deve ser um estilo de liderança. Um filho utiliza a herança de seu pai quando come, dorme e se veste. À medida que ele cresce, pode usar o carro, cuidar dos negócios, entre outras coisas. Sim, haverá um momento em que ele receberá tudo o que um dia foi de seu pai. Mas você consegue perceber que, em todo o tempo, ele pôde, em níveis diferentes, desfrutar de todos esses bens e ter a convicção de que tudo era para ele? Esse mesmo sentimento deve ser real dentro da Igreja.

Liderados

Quanto aos liderados, creio que sua parte nesse processo é essencial. A herança é de graça, no entanto, em Gálatas 4.1, a Bíblia diz que: "Digo, pois, que todo o tempo que o herdeiro é menino em nada difere do servo, ainda que seja senhor de tudo". Ou seja, até mesmo a herança de Cristo, que nos foi dada graciosamente na Cruz, é acessada por meio da maturidade. É claro que um filho não poderá usufruir de uma Ferrari que será sua se não tiver uma carteira de habilitação. Ainda que o carro seja dele, sua imaturidade o impedirá de utilizá-lo.

Um liderado que vai além de seu líder sabe, em seu coração, que é necessário absorver tudo quanto possível de quem veio antes dele. Então se submete ao processo de desenvolvimento por meio de seus líderes. Não há possibilidade de irmos além se aderirmos à rebeldia ou à anarquia. Certamente todo liderado terá a oportunidade de expor sua submissão e honra ao seu mestre.

Creio que eu já tenha exposto de forma bem clara o que acredito em relação à submissão e à honra, mas não posso invalidar o fato de que teremos oportunidades de ter nosso coração testado e aprovado. Sim, todos nós, que somos também liderados, temos uma raiz de independência que deve ser crucificada com Cristo, e não há pessoa melhor para nos ajudar nesse processo do que nossos líderes.

Um revezamento

Para mim, a corrida de revezamento de bastão é a melhor forma de exemplificar o processo de interação saudável entre líderes e liderados. Você já deve ter assistido a uma maratona desse tipo e percebido sua lógica, que é bem simples. Elas são, obrigatoriamente, divididas em quatro etapas de cem ou de 400 metros. Cada equipe de atletas, formada por quatro corredores, ocupa uma raia da pista de atletismo, e sair dela pode desclassificar o participante. Ao fim de cada percurso, há uma área de 20 metros destinada à troca de posse do bastão, pois o objetivo é que cada corredor passe-o ao que está à sua frente, de forma que a corrida só será bem-sucedida se essa troca acontecer da maneira correta.

Somos convidados a esse mesmo nível de entendimento. Desde o momento em que recebemos algo da parte de Deus, precisamos ter em vista que o objetivo final não é que isso permaneça em nossas próprias mãos. A linha de chegada do Reino não termina em nós, por isso, precisamos transmitir o que temos aos outros. Por outro lado, aquele que está surgindo e assumindo uma liderança necessita de um entendimento maduro a respeito da necessidade de receber o que estava nas mãos do outro para dar continuidade.

A saúde que existe na transferência

Por fim, é necessário nos espelharmos em exemplos bem-sucedidos de transferências de legados intergeracionais. Talvez uma das histórias mais marcantes da Bíblia sobre esse tema seja a de Elias e Eliseu. Estamos falando de dois profetas que operaram uma revolução no mundo e que desenvolveram um relacionamento de liderança harmônico e saudável, visto que o Reino de Deus foi altamente beneficiado por esse vínculo equilibrado e sadio.

Uma marca expressiva nessa história é o desejo de Eliseu por receber a unção que estava sobre Elias. No entanto, com entendimento completo, ele deseja que sua porção seja dobrada em relação à que havia sobre seu líder.

> Sucedeu que, havendo eles passado, Elias disse a Eliseu: Pede-me o que queres que te faça, antes que seja tomado de ti. E disse Eliseu: Peço-te que haja porção dobrada de teu espírito sobre mim. (2 Reis 2.9)

Não seria ousado demais esse pedido? A verdade é que, nesse caso, temos exposto um dos principais modelos bíblicos saudáveis de discipulado. E qual foi a consequência dessa relação? Eliseu terminou seus dias tendo operado o dobro de milagres que seu mestre, Elias. Ou seja, seu anseio de viver a porção dobrada não correspondia apenas a um desejo natural, mas a uma inclinação gerada no coração de Deus para que ele pudesse fazer mais em sua geração.

No fim, nossa liderança precisa despertar nas pessoas o desejo de irem além de nós. Eu não creio que Deus tenha colocado sob nosso cuidado liderados que não possuam a capacidade de fazer mais. Como na corrida de revezamento, os próximos necessariamente irão adiante, e isso faz parte do processo natural daquilo que o Senhor planejou. Caminhar com esse entendimento é assumir, com responsabilidade, o que Ele tem colocado em nossas mãos e ver todo o potencial depositado em nós avançar. Portanto, a verdade é que, se decidirmos seguir o modelo de liderança proposto por Jesus, nossos liderados irão além de nós.

Este livro foi produzido em Adobe Garamond Pro 12 e
impresso pela Gráfica Promove sobre papel Pólen Natural
70g para a Editora Quatro Ventos em novembro de 2023.